유관순

글쓴이 소중애

충청남도 서산에서 태어났으며, 1982년 '아동문학평론'에 동화가 추천되어 등단했다. 해강아동문학상, 중·한 작가상, 한국아동문학상, 어린이가 뽑은 작가상 등을 받았으며 현재 천안구성초등학교에서 아이들을 가르치고 있다. 지은 책으로는 《울보 선생님》《바보 갑수 천재 갑수》《윤일구 씨네 아이들》《구슬이네 아빠 김덕팔 씨》들이 있다.

감수자 김광운

경기도 시흥에서 태어나 한양대학교 사학과와 같은 학교 대학원을 졸업했다. 현재 국사편찬위원회에 재직 중이며, 한겨레통일문화연구소 연구위원, 민주화운동기념사업회 자문위원으로 활동하고 있다. 한양대학교와 한신대학교, 조선대학교, 서울교육대학교 등지에서 학생들을 가르치고 있다. 지은 책으로는 《통일 독립의 현대사》들이 있다.

유관순
우리가 잊지 말아야 할 독립운동가 9

3판 1쇄 발행 | 2019년 8월 5일
3판 2쇄 발행 | 2022년 8월 30일

지 은 이 | 소중애
감 수 자 | 김광운
펴 낸 이 | 정중모
펴 낸 곳 | 파랑새
등　　록 | 1988년 1월 21일 (제406-2000-000202호)
주　　소 | 경기도 파주시 회동길 152
전　　화 | 031-955-0670　팩　스 | 031-955-0661
홈페이지 | www.bbchild.co.kr
전자우편 | bbchild@yolimwon.com

ⓒ 파랑새, 2003, 2007, 2019
ISBN 978-89-6155-859-4 74910
　　　978-89-6155-850-1 (세트)

• 책값은 뒤표지에 있습니다.
• 출판사의 허락 없이 이 책의 일부 또는 전체를 인용하거나 발췌하는 것을 금합니다.
• 본 도서는 파랑새 〈인물로 보는 한국사〉 시리즈와 동일한 도서입니다.

어린이제품안전특별법에 의한 제품 표시
제조자명 파랑새 | 제조년월 2022년 8월 | 제조국 대한민국 | 사용연령 10세 이상

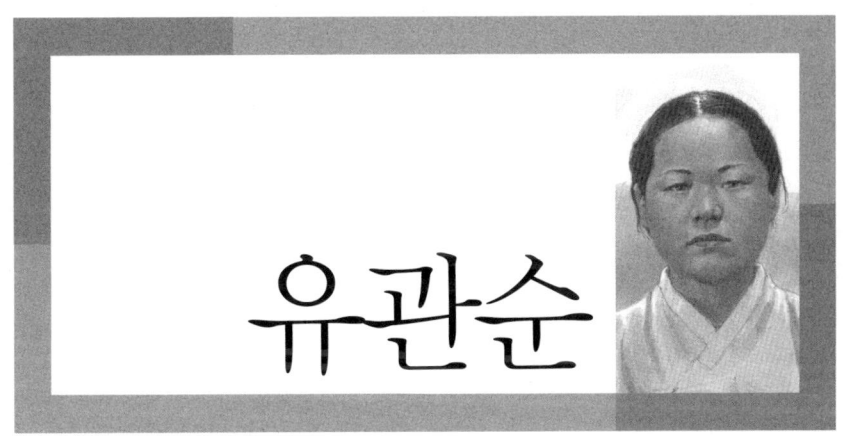

유관순

소중애 글 | 김광운 감수

파랑새

추천사
삶의 등대가 되어 주는 역사 인물

'도로시'라는 미국의 교육학자는 '아이들은 사는 것을 배운다'라는 유명한 시를 남겼습니다. 그 내용은 다음과 같습니다.

만일 아이가 나무람 속에서 자라면 비난을 배웁니다.
만일 아이가 적개심 속에서 자라면 싸우는 것을 배웁니다.
만일 아이가 비웃음 속에서 자라면 부끄러움을 배웁니다.
만일 아이가 수치심 속에서 자라면 죄의식을 배웁니다.
만일 아이가 관대함 속에서 자라면 신뢰를 배웁니다.
만일 아이가 격려 속에서 자라면 고마움을 배웁니다.
만일 아이가 공평함 속에서 자라면 정의를 배웁니다.
만일 아이가 인정 속에서 자라면 자기 자신을 좋아하는 것을 배웁니다.
만일 아이가 받아들임과 우정 속에서 자라면 세상에서 사랑을 배우게 됩니다.

이 아름다운 시처럼 우리들의 아이들은 끊임없이 세상에서 무엇인가 배우고 있습니다. 자라나는 아이들에게 사는 것을 배우게 하는 가장 좋은 방법은 무엇일까요? 그것은 아마도 우리나라가 낳은 조상들 중에서 훌륭한 업적을 이룩하신 역사적 인물들을 배우고 그 인물들을 통해서 그들의 애국심과 남다른 인격을 본받는 것입니다. 지금까지 어린 아이들을 대상으로 하는 위인전은 많이 있었지만 이번에 발간한 인물 이야기처럼 이제 막 인격이 성숙하기 시작하는 초등학교 고학년에서부터 사춘기에 이르는 중학생을 상대로 한 인물 역사책은 거의 없었던 것으로 알고 있습니다. 사실 이런 책들은 역사를 인식하고 역사적 인물을 이해할 수 있는 연령을 대상으로 하였을 때, 비로소 그 빛을 볼 수 있다고 생각합니다.

꼭 알아야 할 역사적 인물을 선정해서 발간하는 이 책은 우리 아이들에게 무한한 자부심과 희망과 꿈을 키워 줄 것입니다.

그리고 이 책은 역사학자들의 철저한 감수와 고증을 거쳐 역사적 사실이 흥미 위주로 과장되거나 주관적인 해석으로 왜곡되지 않고 정확하게 전달되도록 온 힘을 기울였습니다.

존경하는 인물을 한 사람 가슴에 품고 자라난 아이들은 가슴 속에 하나의 등대를 갖고 있는 항해사와 같습니다. 아이들의 먼 인생 항로에서 언제나 꺼지지 않는 등불이 되어 절망과 역경에 이르렀을 때도 그 앞길을 밝혀 주는 희망의 등불이 될 것입니다.

자라나는 아이들은 미래의 희망입니다. 그들에게 사는 것을 가르치기 위해서는 아이들이 살아갈 조국, 내 나라 내 땅을 위해 땀과 피와 목숨을 바친 훌륭한 역사적 인물들의 씨앗을 우리 아이들의 가슴 속에 뿌려 주는 일일 것입니다. 그 씨앗은 아이들 가슴 속에서 무럭무럭 자라나 마침내 아름다운 꽃과 무성한 열매를 맺게 될 것임을 저는 의심치 않습니다.

이어령 전 문화부 장관

지은이의 말

　유관순 열사에 대한 책을 쓰면서 그분이 사셨던 집을 10번쯤 다녀왔습니다. 천안 병천 용두리, 야트막한 매봉산 자락에 유관순 열사가 살던 집이 있습니다. 방 두 개짜리 이 작은 초가집 앞에 서 있으면 언제나 가슴이 두근거립니다.
　금방이라도 집 안에서 어린 관순이가 두 동생과 함께 뛰어나올 것만 같습니다. 낭랑한 책 읽는 소리가 들려올 것만 같고 집 옆에 있는 작은 매봉교회에서는 찬송가 소리가 들릴 것만 같습니다.
　100년 전, 여기에서 태어난 작은 아기가 그렇게 엄청난 일을 할 줄은 아무도 몰랐을 것입니다. 16살의 꽃다운 나이로 나라 잃은 백성의 가슴에 불을 지르고 천지가 진동하도록 커다란 목소리로 독립 만세를 외칠 줄은 정말이지 아무도 몰랐을 것입니다.
　유관순 열사는 정말이지 대단한 분입니다. 나라의 독립을 되찾기 위해서는 죽음도 두려워하지 않는 불타는 애국심은 프랑스의 잔다르크와 같습니다. 잔다르크가 여자의 몸으로 나라를 지켰듯이 유관순 열사는 나라를 되찾는 데 밑거름이 되었습니다.

나는 유관순 열사에 대한 글을 쓰면서 어린 나이에 만세 운동을 했다는 것도 존경스러웠지만 혹독한 억압 속에서도 꺾이지 않았던 옥중 투쟁에 고개가 숙여지곤 했습니다.

사람은 몸이 약해지면 마음도 약해지게 마련입니다. 그러나 유관순 열사는 심한 고문으로 생명의 불꽃이 가물가물 사그러져 가는데도 끝까지 만세를 외치다가 옥중에서 세상을 떠났습니다.

꽃다운 나이에…….

유관순 열사가 어린 나이에 순국을 한 것은 우리들에게 나라가 없으면 개인도 없다는 교훈을 주기 위한 하늘의 뜻이었는지 모릅니다.

우리는 지금 대한민국이라는 우리나라의 이름 아래서 아무 걱정 없이 살고 있습니다. 그러나 잊지는 말아야 할 것입니다. 유관순 열사와 같은 여러 어른들이 있었기에 우리의 오늘이 있음을 말입니다.

소중애

차례

추천사 4
지은이의 말 8

1. 찾아온 손님 12
2. 매봉산 아래 충효의 집안 30
3. 영특한 관순이 40
4. 관순이를 가르친 선생님들 52
5. 잡혀간 박인덕 선생님 67

6. 주재소장의 비웃음   78

7. 하루에 80리 길을   91

8. 태극기의 물결   106

9. 불타는 관순이의 집   119

10. 하느님이 시킨 일   131

11. 나는 당당한 애국 소녀다   142

12. 떨어진 별   157

1. 찾아온 손님

이화여고 신준려 교장 선생님은 유리창 밖을 내다보며 혼자 미소를 지었다.

"무슨 할 말이 저렇게도 많을꼬?"

재잘재잘 떠들며 세일러복을 입은 여학생들이 집에 가는 중이었다. 여학생들 위로 하얀 배꽃이 눈처럼 날렸다.

"참 좋은 때야."

해방이 된 지 얼마 되지 않아 나라 전체가 어수선하기는 하였지만 학생들은 교장 선생님이 학교 다닐 때보다 훨씬 활기에 찼다.

창밖을 내다보던 교장 선생님은 학생들을 거슬러 건물 쪽으로 오고 있는 한 여자에게로 시선이 갔다.

여자는 문득 걸음을 멈추고 학교 건물을 올려다보았다. 마음에 사무치는 그 무엇이 있는 듯 여자는 천천히 학교 안을 돌아보고는 생각에 잠겼다가 다시 걸음을 옮겼다. 여자는 몇 발자국 안 가 다시 걸음을 멈추고 떨어지는 배꽃을 잡으려는 듯 공중으로 손을 뻗어 올렸다.

여자를 유심히 쳐다보던 신준려 교장 선생님 입에서 탄성이 터져

나왔다.

"어머나, 박인덕 선생님이잖아."

신준려 교장 선생님은 밖으로 뛰어나갔다.

"박 선생님!"

"신준려 선생님!"

박인덕 선생님도 교장 선생님을 보자 마주 뛰어왔다.

박인덕 선생님과 신준려 교장 선생님은 손을 맞잡았다. 두 사람의 눈에 이슬 같은 눈물이 맺혔다. 함께 이화학당을 다니고, 함께 이화학당에서 교사로 근무한 두 사람이었다. 그러다가 1919년 3월 1일 만세운동 당시 학생들을 선동했다는 혐의로 체포되어 똑같이 감옥살이를 하였으니 친구며 동지였다. 그 힘들었던 세월을 같이 지낸 두 사람이 오랜만에 만났으니 어찌 눈물이 안 나오겠는가?

"이게 얼마 만이에요."

"오랜만이에요. 어서 들어가십시다."

두 사람은 손을 잡고 교장실로 들어갔다.

"이렇게 해방이 되어 다시 만나니 정말 감회가 새롭습니다. 앉으세요."

"살아서 나라가 독립 된 것을 보게 될 줄은 정말 몰랐어요."

박인덕 선생님과 신준려 교장 선생님은 이제는 머리가 희끗한 할머니였다.

"독립운동을 하다가 잡혀가고, 형을 살고 나오면 다시 독립운동에 참여하여 또 체포되던 것이 나이 갓 스무 살 넘어서였는데…… 머리 흰 할머니가 되어 독립을 보다니…… 나라를 되찾는 데 너무 많은 세월이 지났어요."
박인덕 선생님이 한탄했다.
"그래요. 너무 오랜 세월이 지났어요."
두 사람은 잠시 말을 잇지 못하고 창밖으로 눈을 돌렸다.
하늘은 시리도록 푸르렀다.
창밖을 바라보던 박인덕 선생님은 집에 가는 학생들을 보며 아까의 교장 선생님처럼 미소를 지었다.
"참 아름답지요?"
교장 선생님이 말했다.

"예, 활기차고 아름답군요. 저 나이엔 아무 걱정 없이 저렇게 즐겁고 아름다워야 하는데……."

박인덕 선생님은 눈물을 떨구었다.

"왜요? 선생님. 왜 그러세요?"

신준려 교장 선생님이 놀라서 물었다.

"어제 천안 아우내를 다녀왔어요."

박인덕 선생님은 손수건으로 눈물을 닦았다.

"무슨 일로……."

"교장 선생님, 혹시 유관순이라는 학생을 기억하세요? 3·1 만세 운동 당시 이 학교를 다녔는데……."

"유관순……. 아, 기도 잘하고 빨래 잘하던 학생요?"

"예."

박인덕 선생님은 목이 메어 다음 말을 잇지 못했다.

"고향에서 만세 운동을 했다는 소식까지는 알고 있는데 그 학생이 왜요? 그러고 보니 그 학생의 집이 천안 아우내였죠, 아마."

박인덕 선생님은 고개를 끄덕였다.

"예, 관순이의 고향은 천안 아우내였어요."

박인덕 선생님은 가져온 차를 한 모금 마시고 깊은숨을 내쉬었다. 그리고 박인덕 선생님은 천천히 이야기를 시작하였다.

1905년 11월 18일 일본은 이토 히로부미를 특사로 조선에 파견, 을

사조약을 체결하였다. 을사조약은 외교권을 일본에게 넘겨주는 조약으로, 대한 제국은 독립국이 아닌 일본의 보호국이 된 것이다. 이름도 '조선'이라 바꾸었다. 조선 왕조를 잇자는 뜻이 아니라 '이 씨 조선'이라는 씨족 국가 수준으로 끌어내리려는 불손한 계책이었다.

을사조약은 하세가와가 지휘하는 일본군이 궁궐 안과 밖을 물샐틈 없이 둘러싸고 이루어졌다. 그리고 이 모든 것은 우리 민족에게 비밀로 부쳐졌다. 을사조약 체결 소식은 11월 20일 황성신문에 의해 사람들에게 폭로되었다. 장지연 사장의 피눈물나는 논설문이 폭로 기사와 함께 실렸다.

아, 원통하고 분하도다.
우리 2천만 남의 노예가 된 동포여! 살았는가, 죽었는가?
단군 기자 이래 4천만 국민 정신이 하룻밤 사이에
별안간 멸망하고 멈추겠는가? 아, 원통하고 원통하도다.
동포여! 동포여!

이 일로 장지연은 경무청에 잡혀갔고 신문사는 문을 닫았다.
2천만 동포는 분노했다. 조약 체결을 반대하고 비난하는 소리가 팔도강산에 울려 퍼졌다.
시종무관장 민영환은 고종 황제와 2천만 동포에게 남기는 유서를 써 놓고 할복자살을 했으며, 그를 따라 자결하는 사람들이 늘어났고,

농부 원태근은 이토 히로부미가 탄 열차에 돌을 던져 얼굴에 부상을 입혔다.

곳곳에서 의병들이 일어났다. 공부를 하던 유생도 농사짓던 농부도 들고일어나 나라를 되찾기 위해 싸웠다.

민종식은 홍주성을 공격하였고 최익현, 이병찬은 전라도에서 싸웠으며 평민 출신 의병대장 신돌석은 태백산 일대에서 싸워 태백산 호랑이라는 별명을 듣기도 했다.

"의병을 소탕하라."

"의병을 돕거나 숨겨 주는 사람은 엄하게 다스려라."

일본군은 의병을 소탕하기 위해 눈에 불을 켜고 다녔다. 의병을 잡는다는 핑계로 사람들을 괴롭히고 재물을 빼앗아 가기도 했다.

충청도 천안 아우내 용두리. 풀어진 실타래처럼 꼬불꼬불한 논길을 작은 가방을 하나 든 젊은이가 걸어가고 있었다. 불어오는 바람에 젊은이의 흰 두루마기 자락이 날렸다. 바람 탓일까? 표정이 쓸쓸하고 밝지 않은 젊은이였다.

젊은이 맞은쪽에서 바짓저고리 차림의 중년 남자가 논둑길을 걸어왔다. 어깨를 움츠린 그도 우울하고 어두운 표정이었다. 조인원 속장 집에서 나랏일을 걱정하며 울분을 토하던 유중권(유관순 아버지) 씨가 답답한 가슴을 안고 집에 가는 중이었다.

"안녕하세요?"

두 사람의 거리가 좁혀지자 젊은이가 고개 숙여 인사했다.

"어디 가는가?"

유중권 씨는 먼 친척인 유빈기 씨의 인사를 받으며 물었다.

"앉아서 책을 읽다가 문득 '지금 내가 이러고 있을 때가 아니다.' 하는 생각이 들어 집을 나섰습니다."

유빈기 씨는 침울한 얼굴로 빈 들판을 쳐다보았다.

유중권 씨는 한숨을 내쉬었다.

"왜 안 그렇겠나. 스물세 살 끓는 피의 젊은이가 나라가 이 지경이 되었는데 방 안에 앉아 글공부만 하기란 어렵지. 그러나 아는 것이 힘이라네. 공부만이 나라를 찾는 길이야."

"잘 알고 있습니다만…… 이왕 나선 길이니 세상 구경이나 하고 오겠습니다."

유빈기 씨는 침울한 목소리로 말했다.

"그러게. 세상 공부도 좋은 공부지. 어느 쪽으로 가려나?"

"공주 쪽으로 갑니다."

유중권 씨는 애처로운 마음을 애써 감추었다.

"몸조심하게."

"안녕히 계십시오. 돌아오면 찾아 뵙겠습니다."

두 사람은 좁은 논둑길을 비껴 걸었다.

"한참 꿈 많은 젊은이들이 저렇게 방황을 해야 한다니……."

유중권 씨는 뿌연 회색 겨울 하늘을 올려다보았다.

고종 황제는 을사조약의 억울함을 국제 기구에 호소하기 위해 미국으로 여러 차례 밀사를 보냈으나 일본의 방해로 실패하고 말았다.

1907년 6월 15일 만국 평화 회의가 헤이그에서 열렸다.

일제의 침략을 전 세계에 알리기 위해 고종 황제의 신임장을 갖고 이상설, 이준, 이위종이 헤이그로 떠났다. 그러나 이들은 정식 대표단으로 인정을 받지 못해 본회의에 들어갈 수 없었다.

"이렇게 분할 수가 있는가? 일제의 침략을 알리는 방법이 없다니……."

분을 못 이긴 이준은 몸에 기름을 끼얹고 불을 그어 자살했다.

이 소식을 들은 통감 이토 히로부미는 경운궁으로 달려가 고종 황제를 협박하기 시작했다. 친일파 각료들을 시켜 어전 회의에서 고종 황제를 협박했으며 애국지사가 궁궐 출입을 하지 못하게 하였다.

결국 헤이그 밀사 사건을 구실 삼아 일제는 고종 황제를 강제로 퇴위시키고 순종을 왕위에 앉혔다.

고종 황제를 왕위에서 물러나게 하고 우리 민족을 억압한 원흉 이토 히로부미는 1909년 10월 26일 만주 하얼빈 역에서 안중근 의사의 총에 사살당했다.

새로 온 총독 데라우치는 1910년 8월 28일 기자 회견을 갖고 한일 합병 조약 체결을 발표하였다. 경찰권, 사법 및 감옥 사무도 일본에게 넘어간 것이다.

신문사를 강제로 접수하여 우리의 눈과 귀를 막았으며 곳곳에 일장기가 내걸렸다. 2천만 국민들은 울분으로 가슴을 쳤다.

북쪽에 자리한 매봉산 음지에는 아직도 눈이 희끗희끗 남아 있는 이른 봄이었다.

여자 아이 둘이 빈 논을 가로질러 매봉산 쪽으로 걸어오면서 재잘재잘 떠들고 있었다. 양지 바른 빈 논은 흙이 말라 사람들이 오고 갈 때 지름길로 이용했다.

"국수 맛있었지?"

"난 부침이 맛있었어."

동갑네인 관순이와 끝말이는 혼인집에 다녀오는 길이었다.

일본이 문화 말살 정책을 쓰고 있지만 뿌리 깊게 숨쉬고 있는 우리들의 아름다운 풍습을 없애지는 못했다.

혼인집이 있으면 그것은 마을의 축제였다. 다 같이 없는 살림이었지만 개똥이네는 두부를 만들고, 간난네는 콩나물을, 거북이네는 숙주나물을 기르고, 닭 치는 평상이네는 달걀을 모아 두고, 순분네는 전을 부쳐 함께 치루는 결혼식이었다. 함께 모여 축하하고 함께 즐거워하는 한가족 같은 잔치였다.

두 아이는 오랜만에 닭 삶은 국물에 말은 국수와 떡을 배부르게 먹고 어른들보다 먼저 집에 돌아오는 길이었다.

배가 부르니 차가운 바람에도 든든하고 춥지 않고 즐겁기만 했다.

"어떻게 알고 몰려왔을까? 난 거렁뱅이들이 장타령하는 것이 참 흥겹고 좋더라."

끝말이 말에 관순이는 맞장구를 치지 않았다. 방금까지 생글생글 웃던 얼굴에 못마땅한 빛이 가득했다.

"난 거렁뱅이들이 부러워. 잔칫집마다 돌아다니며 노래하고 배불리 먹으니 좀 좋아?"

끝말이의 버짐 핀 얼굴은 진심으로 거렁뱅이들을 부러워하는 표정이었다. 관순이가 걸음을 멈추고 쏘듯이 끝말이를 쳐다보았다.

"빌어먹더라도 배부른 것이 낫다고? 그건 거렁

뱅이가 하는 말이야."

"배가 고픈 것보다 그게 낫지 뭐."

소매가 짧아 팔목이 드러난 얄팍한 저고리에 여기저기 기운 치마를 입은 끝말이는 두 손을 맞잡아 비볐다.

끝말이네는 송곳 꽂을 만한 땅 한 조각이 없었다. 아버지 어머니가 남의 집에 가 품삯 일을 했다. 끝말이가 넷째 딸로 언니가 셋, 여동생이 둘, 남동생이 하나, 거기다 할머니도 같이 살기 때문에 집 식구가 모두 열 명이나 되었다. 농사지을 땅은 한 조각도 없는데 식구들이 많아 끝말이네는 가난에서 헤어나지를 못했다.

총독부에서는 농민들에게 쌀농사를 강요했다. 일본인들 입맛에 맞는 품종을 심게 하여 수확 후 빼앗아 일본으로 보냈다. 농사지은 쌀을 빼앗겨 땅을 가진 농민도 배를 주리는데 땅 없는 끝말이네야 오죽했겠는가.

"그게 거렁뱅이야."

관순이가 둥근 턱에 날을 세웠다. 끝말이는 고개를 푹 숙였다.

"난 가난하더라도 남에게 얻어먹어서는 안 된다고 생각해."

부리부리한 두 눈과 오뚝한 코 때문에 관순이는 더욱 고집스러워 보였다.

"가난하다고 빌어먹고 다니면 우리

땅에서 일제를 영원히 몰아낼 수 없어."

관순이의 말에 끝말이가 놀라며 황급히 주위를 살펴보았다. 빈 논에는 차가운 바람만 휘돌았다.

"관순아, 어쩌려고 그런 말을 함부로 해."

말 잘못해서 끌려간 어른들을 본 적 있는 끝말이는 겁이 났다.

관순이는 끝말이의 어깨에 제 팔을 둘렀다.

"미안해. 난 너한테 화가 난 게 아냐."

"알아."

"대한 사람이 못 사는 것은 순전히 일제 탓이야. 그래서 화가 났어. 어른들이 말씀하시는 것을 들었는데 굶주리다 못해 하와이로 이민 가는 사람들이 많대."

"이민이 뭐야?"

"다른 나라로 이사 가는 거지."

"하와이가 어디야? 하와이 가면 잘산대?"

"잘살긴. 가죽 채찍으로 얻어맞으면서 가축처럼 살아간대."

좀더 나은 생활을 꿈꾸며 우리 나라를 떠나 하와이로 이민 간 노동자들은 가죽 채찍 아래서 하루 열 시간씩 중노동을 하면서 지냈다.

"끔찍해라."

두 아이는 입을 다물고 말없이 걸었다.

매봉산 아래, 집 앞에 닿자 관순이가 물었다.

"들어가 놀다 갈래?"

"집에 가서 동생 봐야 해. 그래야 언니가 잔칫집에 갈 수 있어. 잘 있어."

끝말이는 저고리 앞자락을 여미며 집을 향해 뛰어갔다.

관순이는 집 안으로 들어갔다. 모두 잔칫집에 가 조용했다. ㄱ자 집으로 부엌에 대어 안방과 건넌방이 있고 대청 너머에 사랑방이 있는 아담한 집이었다. 관순이는 마루에 걸터앉아 방 안에 들어갈 생각을 하지 않았다.

'끝말이에게 화를 낸 것이 마음에 걸려. 내가 그런 말을 해서 얼마나 무안했을까?'

관순이는 집에서 나와 옆에 있는 매봉교회로 갔다.

1900년대 초부터 많은 선교사들이 우리 나라에 들어와 기독교를 전파시켰다. 나라를 빼앗긴 아픔과 혼란을 사람들은 신앙의 힘으로 극복하고자 교회를 찾았다.

"이렇게 급속히 기독교가 전파될 줄 몰랐습니다."

선교사들은 놀라워했다.

"충청도에도 교회를 세워야 하는데 양반의 고장이라서 반대가 클 것입니다."

"어렵기는 하지만 일단 성공하면 다른 고장보다 더 많은 인재를 길러낼 수 있을 것입니다."

선교사들은 결정을 하고 1903년에 공주에서 교회의 문을 열었다.

그러자 가깝게는 40리(16km), 멀게는 80리(32km) 밖에서 예배를 드리려고 신자들이 몰려왔다.

아우내 고향 집을 떠나 방황하던 유빈기 씨는 공주에서 서양인 선교사 기이브를 만나 기독교인이 되었다.

"이제껏 나라를 잃고 방황하던 방랑자에 불과했지만 이제는 하느님의 말씀을 전하는 전도사로 내 길을 가겠습니다."

유빈기 씨는 충청도 여기저기 전도를 다니며 신앙심을 키워 갔다. 그러던 어느 날 기이브 선교사를 찾아가 말했다.

"내 고향에도 하느님의 말씀을 전도하고 싶습니다."

기이브 선교사는 대찬성이었다.

"좋은 생각을 하셨습니다. 우리도 같이 가겠습니다."

유빈기 씨는 선교사 기이브, 케이블 부인과 함께 고향인 천안 아우내로 갔다. 집을 떠난 지 2년 만이었다.

"유빈기가 눈이 파란 외국인 선교사와 함께 온대."

"당나귀를 타고 온대."

작은 아우내 마을이 떠들썩했다. 어른과 아이들이 20리(8km)의 고갯길을 마중 나갔다.

"고맙습니다. 반갑습니다."

선교사들은 깊은 감동을 받았다.

일본군에게 박해를 받아 교회가 불태워지고 저항하는 신자들이 살상당할 때였다. 그렇게 어려울 때 아우내 사람들의 환영은 선교사들에게 큰 힘이 되었다.
　선교사들에 의해 첫 예배가 있던 날은 수백 명의 사람들이 모였다. 서양인에 대한 호기심과 우리 나라를 걱정해 주고 기도해 주는 선교사들에 대한 고마움 때문이었다.
　이때 서양인 선교사의 전도에 감동받은 많은 사람들이 기독교인이 되었는데 그 중에는 마을의 지도자인 유중권 씨와 조인원 속장도 있었다. 이 두 사람은 유빈기 씨의 도움을 받아 1908년에 매봉교회를 지었다.

관순이는 십자가 앞에 무릎을 꿇고 앉았다.

"하느님 저를 용서해 주세요. 친구의 마음을 상하게 했습니다."

관순이는 두 손을 모아 가슴에 대고 간절히 기도했다.

"하느님, 제 친구 끝말이가 따뜻하고 배불리 먹을 수 있도록 돌봐주세요. 우리 나라 사람 모두가 배불리 먹게 해 주세요. 구걸하는 거렁뱅이가 한 명도 없는 부자 나라가 되게 해 주세요. 일본인들이 제 나라로 물러나게 해 주세요. 전지전능하신 하느님, 믿고 또 믿사옵니다. 아멘."

마음을 무겁게 짓누르던 것들이 기도와 함께 가벼워지는 듯했다.

기도를 마친 관순이가 일어나는데 뒤에서 기척이 났다. 돌아보니 조인원 속장이었다.

"속장님 안녕하세요?"

관순이는 두 손을 앞으로 모으고 단정하게 인사했다.

"관순이구나."

조인원 속장은 다정한 눈으로 관순이를 내려다보았다. 아버지와 친구인 조인원 속장은 관순이가 태어날 때부터 자라 오는 모습을 지켜본 사람이다. 그는 키와 몸집이 크고 의리가 강한 사람이었다. 굶주리는 사람이 있으면 곡식 나누어 주기를 주저하지 않았다. 마을 사람들은 후덕한 그를 존경하고 따랐다.

'사내로 태어났으면 나라를 위해 큰 인물이 되었을 텐데…….'

조인원 속장은 관순이를 볼 때마다 아쉬워했다. 외국의 문물이 들어와 개화가 되었다고는 해도 여자들이 활동하기에는 여러 가지 어려운 점이 많았기 때문이었다.

"공부는 열심히 하느냐?"

조인원 속장은 하느님의 도움과 지식만이 일본을 이길 수 있는 길이라고 굳게 믿고 있었다.

"예."

"친구들과는 싸우지 않고?"

조인원 속장의 말에 관순이는 놀라 얼른 대답하지 못했다. 잔칫집에서 돌아오다 끝말이하고 다투었던 것을 들킨 것 같아 얼굴이 붉어졌다.

"하하하. 여전히 맘에 들지 않는 일은 따지면서 바로 잡으려고 하는가 보구나."

조인원 속장은 껄껄껄 웃었다.

"그건 말입니다……."

"아니다. 널 나무라는 것이 아니다. 자기 뜻을 당당하게 표현하는 것은 좋은 일이야."

"예."

"그랬다고 항상 싸우라는 이야기는 아니다. 하하하."

호쾌한 조인원 속장의 웃음소리가 교회 안을 울렸다.

2. 매봉산 아래 충효의 집안

유관순이 태어난 충청도 천안 아우내는 산들이 병풍처럼 둘러싸인 곳이다. 높고 낮은 산에서 흘러 내려온 물들이 만나는 곳이라 해서 병천, 순수한 우리말로 아우내라고 불렸다. 이 지역은 천안, 전의, 조치원, 진천 등지와는 40여 리(16km)의 거리로 사람들이 하룻밤 걸어 아우내 장에 오곤 하는 교통의 중심지였다. 이곳 사람들은 고집이 세고 강직하여 옛부터 많은 충신 열사가 나왔다.

관순이가 태어난 용두리는 인물이 많이 나온다는 전설의 땅이기도 하였다.

관순이는 이런 충절의 고장에서 1902년 3월 15일(호적에는 1902년 11월 17일로 되어 있음.)에 아버지 유중권 씨와 어머니 이소제 씨 사이에서 3남 2녀 중 셋째 딸로 태어났다.

관순이는 나라를 빼앗긴 어두운 시절에 태어났으나 부모님의 사랑과 이웃의 귀여움을 받으면서 무럭무럭 자랐다.

관순이네는 대대로 충효의 집안이었다. 그 중에서도 관순이의 증조부 유영일 씨의 이야기는 유명했다.

유영일이 8살 때 일이다. 어머니가 병이 났는데 꿩고기를 먹고 싶어 하셨다.

'내가 꿩을 잡아 와 어머니의 병환이 낫도록 해야지.'

효심이 지극한 유영일은 여덟 살의 어린 나이에도 불구하고 눈 덮인 산으로 꿩을 잡으러 갔다. 유영일은 무릎까지 빠지는 눈을 헤치며 꿩을 잡으러 다녔다. 몇 날 며칠을 다녔지만 꿩을 잡지 못해 낙심하고 있었다.

유영일이 사는 동네와 20리(8km) 떨어진 사창 마을에 사는 포수 정씨에게 산신령이 꿈에 나타났다.

"지령리에 사는 효자 유 도령에게 꿩을 한 마리 갖다 주도록 해라."

잠에서 깬 정 포수는 이상하게 생각하여 용두리 유영일을 찾아왔다. 사정 이야기를 듣고 난 정 포수는 감동하였다.

"도령님의 그 지극한 정성에 산신령님이 제 꿈에 나타나셨습니다. 제가 꿩을 잡아 드리겠습니다."

정 포수가 잡아 준 꿩을 먹고 어머니의 병이 나아 마을에서는 유영일에 대한 칭찬이 자자했다.

의병대장이었던 유인석은 관순이와 십촌 뻘이 된다. 유인석은 의병 총대장으로 독립을 위해 일본군과 용맹스럽게 싸웠다. 의병들은 유인석의 용맹무쌍한 전투에 힘을 얻었고 일본군들은 그의 이름만 듣고도 벌벌 떨었다.

유인석은 본래 선비였으나 명성 황후가 일본군에게 살해당하자 붓을 꺾고 싸움터로 뛰어나왔다. 의병들은 훈련도 부족하고 무기도 일본에 비하여 형편없는 구식이었지만 유인석의 뒤를 따라 죽기살기로 싸웠다. 그러나 정열만 가지고는 부족하여 구월산에서는 그만 일본군에게 패하고 말았다.

'민족의 적에게 이렇게 패하다니…….'

유인석이 낙망하고 있을 때 고종황제가 정남대도독 이라는 벼슬을 내렸다. 유인석은 너무 감격하여 구월산이 울리도록 통곡을 했다.

유인석은 황제의 격려를 받고 강원, 경기, 함경, 황해, 평안 등지에서 일본군과 전투를 벌여 혁혁한 공을 세웠다.

충효의 집안 후손답게 관순이도 효심이 지극하였다.

어느 날 아버지가 온몸이 물에 흠뻑 젖어 마을 사람에 의해 업혀 왔다. 어른들은 말을 하지 않았지만 관순이는 아버지가 크게 봉변을 당했고 다쳤다는 것을 눈치로 알았다.

집 안에는 슬프고 어두운 기운이 감돌았다.

관순이는 어린 동생들이 철없이 떠들고 뛰어다녀 아버지의 병환이 심해지지 않도록 단속하면서 정성을 다해 아버지를 간호했다.

아버지 팔다리를 주물러 드리고 시중을 들었다.

"난 괜찮으니 나가 놀도록 해라."

아버지가 말했지만 자리를 떠나지 않았다. 아버지를 간호하면서 관순이는 어른들이 주고받는 이야기를 듣고 아버지가 다친 이유를 알게 되었다.

아버지는 나라를 되찾기 위해서는 나라의 기둥이 될 젊은이들에게 신학문을 가르쳐야 한다는 확고한 신념을 가지고 있었다. 그래서 세운 것이 홍호학교였다. 초등과와 고등과를 두어 젊은이들을 모아 신학문을 가르쳤다. 나라의 보조가 있는 것이 아니라서 학교를 운영하는 데 드는 돈이 부족하였다.

"모두들 먹고살기도 어려운 요즘에 여유 있는 돈 가진 사람이 어디 있겠는가? 일본인이라면 몰라도."

아버지는 돈 때문에 고민을 많이 했다.

"일본인에게 돈을 빌리는 것은 위험한 일입니다."

어머니는 걱정했다.

"일본인 돈이라지만 우리 나라 사람에게 착취한 돈이니 그 돈으로 우리의 젊은이들을 교육시키는 것도 앞날을 위해 해 볼 만한 일이지."

아버지는 아우내 장터에 살고 있는 일본인 고마도에게 돈을 빌리러 갔다. 고마도는 돈을 빌려 주고 돈을 갚지 못하면 가축이나 땅을 빼앗아 가기로 악명 높은 고리대금업자였다.

"유 선생님이 나에게 와 돈을 다 꾸다니 영광입니다."

고마도는 음흉한 웃음으로 아버지를 맞았다. 아버지는 불쾌한 기분을 감추며 사정 이야기를 했다.

"유 선생님이 필요하다면 돈을 이자 없이 꿔 드리겠습니다. 염려말고 갖다 쓰세요. 내가 평소에 존경하는 선생님이 돈을 필요로 하는

데 당연히 꿔 드려야지요."

어쩐 일인지 고마도는 이자 없이 돈을 선뜻 꿔 주었다. 아버지는 석연치 않았으나 급한 나머지 돈 300냥을 꿔 가지고 돌아왔다.

그 뒤 아버지는 고마도의 돈을 꺼림칙하게 생각해 갚으려고 노력했으나 사정이 여의치 않았다. 돈 갚는 날짜를 몇 번 어기자 고마도는 서서히 본색을 드러냈다.

"조선의 지식인이 남의 돈을 떼먹다니 이게 말이 되는가? 조선인들이 이렇게 파렴치하고 몰상식하니 나라를 빼앗긴 것이다."

고마도는 사람들에게 대놓고 관순이 아버지의 흉을 보았다.

어느 가을날 고마도가 관순이네 집에 찾아왔다.

"유 선생, 계시오?"

장총까지 가지고 온 그에게서 불손함과 광기가 엿보였다.

"밖에 나가시어 안 계십니다."

집에는 어머니 혼자 있었다. 우리의 예절로는 여자 혼자 있는 집에 낯선 남자가 들어가는 것이 아니었다. 그러나 고마도는 오만불손한 태도로 불쑥 집 안으로 들어섰다.

"다음에 오시죠."

어머니 말을 무시하고 고마도는 집을 한 바퀴 돌아보다가 뒷마당에 있는 대추나무를 보고 걸음을 멈추었다.

"대추가 잘 여물었구만."

그는 대추를 탐냈다.

잠시 후 어머니가 가 보니 고마도는 옷을 모두 벗어 버리고 훈도시(기저귀같이 생긴 일본인의 속옷) 차림으로 대추를 딴다고 총을 휘두르고 있었다.

집주인을 얕보고 무시하는 행동이었다.

"이게 무슨 해괴한 짓이냐? 아무리 예의를 모르는 민족이라도 이럴 수는 없다!"

성격이 곧고 남성적인 어머니는 고마도를 향해 작대기를 휘둘렀다.

"여자 혼자 있는 집에 와서 이게 인간으로서 할 행동이냐?"

고마도는 막대기를 피해 집 밖으로 도망쳤다. 밭에서 돌아오던 아버지는 그 모습을 보니 기가 막혔다. 그러나 빚진 죄인이라 분을 참을 수밖에 없었다.

말도 못할 모욕을 당한 아버지는 서둘러 돈을 마련해 가지고 고마도를 찾아갔다.

"자, 여기 꿔 간 돈 300냥 있소."

아버지가 돈을 갚자 고마도가 코웃음을 쳤다.

"원금만 가지고 오면 어떻게 해. 그 동안의 이자와 그 이자에 대한 이자까지 해서 3,000냥을 갚아라."

아버지는 '아차, 돈을 잘못 꾸었구나.' 후회했지만 소용없었다. 법 없이 날뛰는 일본인의 횡포에 분통이 터졌다.

"남의 나라에 와서 이런 횡포를 저지르고도 하늘이 무섭지 않느냐?"

아버지는 증서를 빼앗아 박박 찢어 버리고 가져간 돈 300냥을 내던졌다.

"그것밖에 없으니 받으려면 받고 맘대로 해라."

아버지가 고마도 집을 나서는데 아우내 사는 일본인들이 앞을 가로막았다.

"남의 돈을 꾸었으면 이자를 갚아야지. 어디서 행패냐?"

"그 동안 애들 교육시킨다고 거들먹거리는 꼴이 맘에 안 들었는데 잘 만났다."

일본인들은 우르르 달려들어 아버지를 꼼짝 못하도록 붙잡았다. 몸부림을 쳐 보았지만 혼자 힘으로 여럿을 당할 수가 없었다. 일본인들은 아버지를 우물로 끌고 가 거꾸로 매달고 얼굴에 찬물을 부었다.

"이놈들아, 당장 내려놓지 못하겠느냐?"

물이 코와 입으로 들어가 아버지는 그만 기절하고 말았다.

아버지가 당한 기막힌 사연을 알게 된 관순이는 눈물을 떨구며 이를 갈았다.

"나쁜 놈들. 아버지에게 그런 짓을 하다니."

관순이는 사랑하는 아버지를 못살게 굴고 우리 나라 사람들을 굶주림에 허덕이게 하는 일본인들을 이 땅에서 몰아내야 한다고 몇 번이고 다짐했다.

어머니는 불의를 보고는 참지 못하는 관순이가 무슨 일을 저지르지나 않을까 걱정했다.

"어른들의 일에 너무 마음 쓰지 말고 너는 공부나 열심히 하거라."

관순이는 어머니의 말씀을 새겨들었다. 일본인들과 싸우려면 공부를 해야 한다고 생각했다. 관순이는 더욱 열심히 공부했다.

3. 영특한 관순이

관순이는 하나를 가르치면 열 개를 터득하는 영특함과 하고자 하는 일은 끝까지 해내고 마는 의지력이 있었다.

"관순이는 놀라운 재능이 있는 아이입니다."

예배 드리러 매봉교회에 오기만 하면 서양인 선교사들은 아버지에게 말했다.

"관순이를 공주로 보내세요. 우리가 열심히 가르칠게요."

아버지도 딸에게 좀더 나은 교육의 기회를 주고 싶어 어머니와 상의했다.

"관순이를 공주로 보내 공부를 계속하도록 하면 어떻겠소?"

"좋지요. 관옥이와 예도가 공주에 있으니 같이 공부하면 의지가 되고 좋을 거예요."

어머니도 찬성했다. 오빠 관옥이와 작은아버지 유중무 씨의 딸 예도는 공주에 가 선교사들이 세운 학교에 다니는 중이었다.

그러나 관순이 부모의 뜻을 마을 사람들은 이해하지 못했다.

"거 뭐, 여자 애를 객지까지 보내 교육시켜요. 그냥 데리고 있다가 시집보내면 되지."

여자가 교육을 많이 받아 뭐 하겠느냐고 생각하는 사람들이 많은 때였다. 그뿐만이 아니었다. 교육 자체를 부정하는 사람들도 있었다.

"나라가 망해 가는 판국에 당장 총 들고 싸워도 모자란데 한가롭게 학교나 세우고 교육을 시켜서야 되겠느냐?"

하고 비난했다. 참으로 어리석은 생각이었다.

"교육은 힘이지. 여자도 당연히 교육을 받아야 해. 관순이는 총명하고 의지력이 강한 애니깐 좋은 인재가 될 거야."

아버지의 뜻에 찬성한 사람은 조인원 속장이었다. 그의 아들 조병옥은 관옥이가 다니는 공주 영명학교를 거쳐 평양 숭실학교를 졸업하였다. 그리고 미국 펜실베이니아의 와이오밍 고등학교에 다니는 중이었다.

조병옥은 교육의 중요함을 일찍이 깨닫고 앞서갔던 아버지 덕분에 미국에서 박사학위를 받고 해방되기 얼마 전에 귀국했다. 해방 후 대통령을 도와 국가 발전에 커다란 공을 세웠다.

관순이는 공주로 가 공부하기로 결정되었다. 그러나 배움에 강한 의욕이 있었던 관순이지만 집을 떠나 공주로 가는 데 마음에 걸리는 일이 있었다. 계출이 언니는 관순이가 여덟 살 때 직산으로 시집을 갔고 관옥이 오빠도 공주에 가 있어 집에는 어린 동생 관복이와 관석이만 남게 된 것이다.

"어머니는 농사일도 바쁘신데 관복이 관석이를 누가 돌봐요."

"걱정하지 말아라. 가서 선생님들 말씀 잘 듣고 공부 잘하는 것이 네가 할 일이야."

옷을 챙겨 주면서 어머니는 관순이의 걱정을 웃음으로 무마했다.

"관순이는 작은아버지와 속장님께 인사하고 오너라."

아버지 말씀에 관순이는 먼저 매봉교회로 뛰어갔다.

작은아버지 유중무 씨는 대부분의 시간을 교회에서 지냈다. 작은아버지는 선교사가 오지 않을 때는 예배를 드리기도 하고 신자들 집에 심방 가는 일도 하는 대리 목사였다.

"인사하러 왔니?"

형제이긴 해도 아버지와 너무 닮은 작은아버지였다.

"예. 작은아버지, 다녀오겠습니다."

작은아버지는 따뜻한 손으로 관순이의 머리를 쓰다듬어 주었다.

"그래. 예도랑 사이좋게 지내고 공부 열심히 하거라."

작은아버지에게 인사를 하고 난 관순이는 조인원 속장의 집으로 달려갔다.

"관순이 오늘 공주에 간다고?"

뜰에 있던 조인원 속장의 아들 조병호가 반겼다. 아버지를 닮아 몸이 크고 서글서글한 성격의 조병호는 후에 독립 만세를 같이 부른 사람이다.

"예. 그래서 속장님께 인사 올리러 왔어요."

관순이는 방으로 들어가 조인원 속장 부부에게 인사를 드렸다.

"열심히 공부해서 하느님과 나라를 위해 보탬이 되거라."

"예."

"객지 나가면 고생이 많을 것이다."

조인원 속장은 어려울 때 쓰라고 돈을 주었다.

"열심히 기도하거라."

"예."

인사를 하고 집으로 가는 길에 관순이는 홍호학교 김구웅 선생님과 그의 어머니인 채 씨 할머니를 만났다.

"안녕하세요? 할머니!"

채 씨 할머니는 예의 바르게 인사하는 관순이의 머리를 쓰다듬어 주셨다.

"예쁘게 크고 있구나."

"공주에 가서도 공부 열심히 하거라."

공주에 가는 것을 알고 있는 김구웅 선생님은 어깨를 토닥이며 격려해 주었다. 젊은 김구웅 선생님은 학생들에게 형님처럼 다정했다. 내일을 짊어질 젊은이들을 바르게 키워야 한다는 사명감을 가지고 열심히 가르쳤기 때문에 학생들은 김구웅 선생님을 존경하고 따랐다.

"관순이는 나중에 나라를 위해 한몫을 할 것 같아요. 아주 영특하거든요."

관순이와 헤어져 걸으면서 김구웅 선생님은 어머니에게 말했다.

"그러냐? 본래 관순네 유 씨들이 충효 집안이야."

채 씨 할머니는 바쁜 걸음으로 걸어가는 관순이를 돌아보았다.

집에 가자 기다리고 있던 아버지가 공주 가는 길을 재촉하셨다.

"누나 가지 마. 이잉, 누나."

막내 관석이가 울면서 따라나오는 것을 엄마가 붙잡았다.

관순이는 자꾸만 뒤를 돌아보았다. 꼬불꼬불한 논길 너머 집 앞에 서 있는 어머니와 두 동생이 돌아볼 때마다 작아졌다.

"어서 가자. 길이 멀다."

앞서 가던 아버지가 관순이 마음을 헤아린 듯 자꾸만 재촉했다.

관순이는 공주 옥룡동에 있는 영명여학교(명선여학당)에 입학하였다. 영명여학교는 선교사 샤프 부인(A. J. Hammond, 사애리시)이 1905년에 세운 초가집 학교로 두 명의 학생과 허조셉 선생님 한 분으로 출발하였다.

충남 지역의 첫 신식 교육 기관이었다. 영명여학교는 처음 시작은 보잘것없는 규모로 출발했지만 관순이가 다니기 시작했을 때는 제법 학교다운 면모를 갖추고 있었다.

교육에 회의를 느꼈던 많은 사람들이 점점 교육의 필요성을 느끼기 시작했다. 전국적으로 많은 학교들이 세워졌다. 규모가 제법 크고 당국에 등록까지 한 학교가 2,250개나 되었다. 등록 안 된 작은 규모의 학교까지 헤아리면 56,000개나 되었으니 대단한 숫자였다.

"관순아, 관옥이, 예도야."

화창한 봄날이었다. 일요일 예배를 끝내고 교회를 나오는데 유빈기 씨가 세 사람을 불렀다.

유빈기 씨는 용두리의 매봉교회를 유중권 씨와 조인원 속장에게 맡기고 공주에 와 살고 있었다. 선교사들의 도움으로 큰길가에 있는 집을 세 얻어 교회 서적과 일반 서적 그리고 학교 교과서를 취급하는 복음서관을 개관하였으니 공주 최초의 서점이었다. 그는 가족들도 공주로 데려와 살다가 자리를 잡자 고향에 있는 형제들을 공주로 이사시켜 함께 살았다.

"왜요? 아저씨?"

티 없이 맑은 세 아이가 유빈기 씨 앞에 모였다.

"날씨도 좋고, 곧 예도는 서울로 가야 하니 우리 공산성으로 소풍을 가자꾸나."

"좋아요. 좋아요. 아저씨."

소풍을 가자는 말에 관순이는 손뼉을 치며 좋아했다. 그런 관순이를 보고 관옥이와 예도가 웃었다. 사촌 언니 예도는 서울 이화학당에 갈 예정이어서 송별회 같은 소풍이었다.

5월의 따사한 바람이 부드럽게 뺨을 스쳤다. 바람결에 달착지근한 아카시아 꽃향기가 코끝을 간지럽히고 이름 모를 산새는 나뭇가지를 옮겨 다니며 즐겁게 노래를 불렀다. 여기저기 소풍 나온 사람들도 잠시 모든 시름을 접어 둔 듯 즐거운 표정이었다.

관순이 일행은 싸 가지고 간 음식을 먹고는 성벽 위를 산책했다.

"이곳 공주의 옛 이름은 웅진이란다. 사비성으로(지금의 부여) 옮기기 전까지 60년간 백제의 수도였지."

유빈기 씨가 아이들에게 설명했다.

"백제의 찬란한 문화를 꽃피운 곳이지."

수도를 지키기 위해 쌓았던 성은 허물어져 옛 모습을 알아보기 힘들었다. 산성을 낀 금강은 그 옛날의 역사를 아는지 모르는지 도도히 흐르고 있었다. 걸음을 멈추고 금강을 내려다보던 유빈기 씨가 젊은 혈기를 참지 못해 울분에 찬 목소리로 말했다.

"백제의 그 찬란한 문화는 일본으로 넘어가 그들을 계몽시키고 그들을 가르쳤는데…… 이제는 나라를 일본에게 빼앗겼으니…… 키운 개에게 물린 꼴이 되었구나."

"……"

아저씨의 울분이 아이들 가슴속으로 전달되어 즐거웠던 얼굴들이 굳어졌다.

일제는 학생들에게 우리 나라의 역사를 사실대로 가르치지 못하게 했다. 역사는 민족의 혼이며 뿌리였기 때문이었다. 특히 일제는 백제 역사를 왜곡하여 가르쳤는데 그것은 백제 문화의 영향을 받아 그들의 문화가 생겨났기 때문이었다. 일본인들은 그 사실을 부정하고 싶어했으나 일본 본토에서는 백제인 제사를 몰래 지내는 뜻 있는 일본인들도 적지 않았다.

"너희는 자랑스러운 백제의 후예이며 대한의 아들딸들임을 잊지 말아라."

금강의 푸른 물을 보며 아이들은 유빈기 씨의 말을 가슴속 깊이 새겼다. 실개천이 모여 개울이 되고 개울물이 모여 강물을 이루고 강물이 바다를 이루듯이 자신들의 작은 힘을 모아 나라의 독립을 이루겠다고 세 아이는 손을 잡고 맹세했다.

공산성을 다녀온 얼마 후 유예도는 서울 이화학당으로 갔다. 의지하고 있던 언니와 헤어졌지만 관순이는 꿋꿋했다.

어린 나이지만 명랑 쾌활하고 부지런하고 공부 잘하는 관순이는 선교사들의 귀염둥이였다.

사람들과 친숙해지려고 서양인 선교사들은 가끔씩 한복을 입었다. 몸집이 크고 눈이 파란 선교사들이 한복 입은 모습은 어딘지 모르게 어색했다. 저고리 앞섶이 맞지 않거나 대님이 풀리기 일쑤였다.

"깃이 뒤로 넘어갔어요. 제가 잘 해 드릴게요."

관순이는 옷고름도 매어 주고 옷매무시를 만져 주었다. 그들이 멀리 외출할 때는 구두를 닦아 놓기도 했다.

남자 형제 틈에서 엄마를 도와 집안일을 맡아 했던 관순이에게 부지런함은 몸에 밴 것이었다. 공부도 열심히 한 관순이는 다른 아이들에 비교하여 특출했다.

"관순이는 좀더 큰 학교에 가서 공부를 많이많이 해야 해요."

사애리시 부인은 관순이를 볼 때마다 칭찬하고 격려했다.

사애리시 부인은 서울에 있는 이화학당에 관순이를 추천하여 입학 허가를 받았다. 사애리시 부인은 자기 일같이 기뻐했다.

"서울에 가서 많이 배우고 하느님과 조국을 위해 큰 재목이 되세요."

관순이는 1916년 열세 살 되는 해에 이화학당 보통과 3년에 입학했다.

"관순이는 집안 형편이 어려운 학생입니다. 장학금을 주세요."

사애리시 부인은 이화학당 프라이 교장에게 부탁을 해 장학금을 받도록 해 주었다.

이화학당은 1886년 미국 북감리교 선교사 M.F. 스크랜턴 부인에 의하여 서울 서대문에 세워졌다. 명성 황후가 '이화학당' 이라는 이름을 하사했다. 이 학교는 후에 이화여고가 되어 많은 여성 인재들을 길러 냈다.

학생들은 모두 기숙사 생활을 했다.

이화학당의 메인 홀은 1900년에 세워졌다. 이 안에는 강당, 선교사 숙소, 기숙사, 부엌, 식당, 세탁실, 기도실 등이 있었는데 기도실은 항상 열려 있어 누구나 자유롭게 들어가 기도할 수가 있었다.

관순이는 하루에도 몇 번씩 기도실에 들어가 기도했다. 고향의 가족들을 위해, 선교사와 친구들을 위해, 그리고 나라를 위해 관순이는 기도했다.

이화학당에서 관순이는 기도를 가장 많이 하는 학생으로 알려졌다. 거기에 한 가지 더 붙은 별명이 있으니 청소 잘하고 빨래 잘하는 학생이었다.

이층 벽돌집으로 되어 있는 기숙사에는 30여 개의 방이 있었다. 한 개의 방에는 5, 6명의 학생이 함께 생활하였는데 나이 많은 학생이 반장으로 '큰언니'라 불렸다.

막내인 관순이는 시키지 않았는데도 아침마다 침구 정리와 청소를 도맡아 했다.

"동생에게만 일을 시키니 미안하잖아. 우리 침구는 우리가 정리할게."

언니들이 미안하다고 하면 관순이는 생글생글 웃으며 말했다.

"나는 장학금을 받으며 공부를 하니 고마운 일이잖아요. 거기에 조금이라도 보답하고 싶어서 그래요."

언니들이 옷을 벗어 놓으면 재빨리 가져다 빨아 널었다.

친구들은 관순이를 이상한 아이라고 했다.

"넌 참 이상한 애야. 빨래가 지겹지 않니?"

"이렇게 더운물이 콸콸 나오고 비누도 있는데 어려울 것이 뭐 있어. 너 그것 빨 거니? 내가 빨아 줄 테니 이리 줘."

날씨가 따뜻하면 학교 안 우물에서 빨래를 하고 겨울이면 더운물이 나오는 세탁실에서 빨래를 했다. 관순이는 보통 사람들은 구경하기도 어려운 서양 비누가 있어 빨래하는 시간이 기분 좋았다.

늦가을이면 기숙사에서는 김장을 했다. 수많은 학생들이 겨우내 먹을 김치라서 그 양이 어마어마했다.

모두들 우물가에 나와 배추를 나르고 씻고 소금에 절였다가 버무려 넣는 작업은 큰 행사였다.

"관순아, 이쪽에 소금 좀 더."

"관순아, 고춧가루 좀 갖다 줘."

관순이는 학생들 사이를 뛰어다니며 궂은 일을 마다하지 않았다.

그렇게 담근 김치는 익혔다가 겨우내 먹었다. 기숙사 식당에서는 정해진 시간에 잡곡밥에 김치 그리고 몇 가지의 밑반찬이 주어졌고 일주일에 한 번은 소고기 국을 주었다.

기숙사 식당에서 식사를 하려면 한 달에 식비 10원을 내야 했다. 가난한 친구가 식비를 내지 못해 굶는 것을 보고 관순이는 대신 돈을 내주고 자신은 굶은 적도 있었다.

4. 관순이를 가르친 선생님들

 가지런하게 딴 긴 머리에 흰 저고리 검정 치마를 입은 이화학당 여학생들이 줄을 지어 걸어가고 있었다. 여학생들은 소곤소곤 재잘재잘 떠들다가 간혹 웃음을 터뜨리기도 했다. 이렇게 많은 여학생들이 줄지어 가는 모습이 낯설은 시대였다. 길 가던 사람들이 걸음을 멈추고 맑고 밝은 여학생들을 보며 미소를 지었다.
 "난 손정도 목사님 설교를 듣고 있으면 불 같은 것이 솟구치는 것 같애."
 "맞아, 목사님이 나라 사랑에 대해 말씀하시면 당장이라도 밖으로 뛰어나가 일본군들을 맨손으로 쳐부술 것 같은 힘이 생겨."
 1882년에 평남의 부잣집에서 태어난 손정도는 열일곱 살 때까지 한학을 공부하고 관리가 되기 위해 평양에 가다가 우연히 만나게 된 목사의 말을 듣고 기독교 신자가 되었다.
 그는 협성신학교를 졸업하고 목회 생활을 시작하였다. 1912년 만주 하얼빈 지방에서 선교 활동을 하다가 독립 운동 혐의로 2번이나 체포되어 한 번은 구속되고 한 번은 유배되었다. 유배에서 풀려나자 정동교회로 부임해 왔다.

"나라도 없는 백성이 어떻게 하느님의 종이 될 수 있습니까. 하느님의 종이 되고자 하면 나라부터 찾아야 합니다. 나라 사랑이 하느님 사랑이요, 하느님 사랑이 나라 사랑인 것입니다."

손정도 목사의 설교는 어린 학생들의 영혼 깊은 곳까지 파고들어 신앙심과 애국심을 심어 주었다.

관순이도 다른 학생들과 마찬가지로 손정도 목사를 존경하고 따랐다. 하느님 사랑이 곧 나라 사랑이라는 그의 가르침에 언제나 두 주먹을 아프도록 불끈 쥐었다.

손정도 목사와 함께 관순이에게 많은 영향을 끼친 사람이 또 한 명이 있었으니 그는 박인덕 선생님이었다. 1897년 평안남도 진남포에서 5남 1녀의 외동딸로 태어난 박인덕 선생님은 손정도 목사와는 달리 불우한 어린 시절을 보냈다.

일곱 살 때 아버지가 돌아가시고 그 뒤, 오빠들을 병으로 잃었다. 감당할 수 없는 불행을 겪게 된 박인덕 선생님은 어릴 때부터 교회를 다니며 마음의 위안을 얻었다.

이화학당에서 중학부와 대학과를 졸업한 그녀는 이화학당의 교사가 되어 기하, 체육, 음악, 합창을 지도했다.

"건강한 몸에서 건전한 정신이 깃드는 거예요. 체조 시작!"

여자가 치마를 펄럭이며 달리기를 하거나 팔다리를 휘두르는 것을 천박하게 여기던 때였다. 학생들이 수줍어 몸을 움츠리기도 하고 다

른 친구들의 동작을 보고 웃기에 바빴다.

　박인덕 선생님은 관순이를 유난히 귀여워하셨다. 책도 빌려 주고 이야기의 상대가 되어 주기도 했다.

"관순아, 너의 희망은 무엇이냐?"

"제가 원하는 것은 대한의 독립밖에 없습니다."

"독립을 못 얻으면 어떡하겠느냐?"

"죽음을 택하겠습니다."

　묻는 선생님이나 대답하는 학생이나 두 눈에서 광채가 나고 팽팽한 긴장감이 온몸에 감돌았다.

"나라를 찾기 위해서는 일본 애들이 한 시간 공부하면 우리는 두 시간 공부하고, 그 애들이 하나를 알면 우리는 둘, 셋을 알아야 한다."

"예, 선생님."

관순이는 박인덕 선생님과 굳게 약속을 했다.

1918년 11월 11일.

4년 동안 전 세계를 공포와 살상으로 몰아넣었던 세계 1차 대전이 끝났다. 전쟁을 종결시키는 데 가장 큰 역할을 한 미국의 윌슨 대통령은 '민족 자결주의'를 주장했다. 각 민족은 정치적 운명을 스스로 결정할 권리가 있으며 다른 나라의 간섭을 받아서는 안 된다는 주장이었다.

"자기 민족이 자기 나라의 정치를 결정하는 것이야 당연한 일이지."

"세계적으로 민족 자결주의 바람이 분다는 것은 좋은 징조야. 우리도 이 바람을 타고 독립을 하자."

"식민지를 가진 나라들이 미국의 눈치를 보면서 윌슨 대통령의 주장에 고개를 끄덕이는 이때를 좋은 기회로 이용하자고."

윌슨 대통령의 '민족 자결주의'는 모든 사람들에게 희망을 주었다. 정동교회 손정도 목사는 교회를 사임하고 평양으로 떠났다.

밤 10시.

기숙사의 학생 방은 일제히 불이 꺼졌다.

"손정도 목사님이 정동교회를 떠나셨대."

한 언니가 속삭였다.

관순이는 그 말을 듣고 깜짝 놀랐다. 존경하고 따르던 목사님이 떠났다는 말이 믿기지 않았다.

"어머나 왜? 왜 떠나셨대?"

다른 언니가 속삭여 물었다. 엄격한 기숙사 생활이었다. 10시에 불을 끄면 조용히 잠을 자야지 그렇지 않으면 사감 선생님한테 혼났다.

규칙을 잘 지키는 관순이었지만 묻지 않을 수가 없었다.

"어디로 가셨대요?"

"평양으로 가셨다는 소문도 있고 중국으로 가셨다는 소문도 있어."

소식을 가져온 언니는 목소리를 낮추었다.

"어디로 가셨든 내 추측인데, 독립운동을 하려고 가신 것 같애."

관순이는 어둠 속에서 고개를 끄덕였다. 손정도 목사님이라면 분명 그런 원대한 꿈을 갖고 떠나셨을 것이라고 굳게 믿었다. 관순이의 그런 믿음은 맞았다. 후에 손정도 목사는 중국 상해와 만주 길림성에서 독립운동을 하였다. 후세 사람들에게 그는 목사보다는 독립운동가로 더 잘 알려졌다.

"조용! 안 자고 떠드는 학생들이 있다. 조용!"

사감 선생님이 복도에서 소리쳤다. 모두들 입을 다물고 잠을 청했다. 곧이어 방 안에 색색 고른 숨소리가 들렸다.

관순이는 잠이 오지 않았다. 나라의 독립을 되찾기 위해 뭔가 해야 하는데 아무것도 하지 않고 있는 자신이 한심한 생각이 들었다.

잠을 못 이루고 뒤척이는 관순이 귀에 이상한 소리가 들려왔다. 아주 희미했지만 몇몇이 조심스럽게 복도를 지나가는 소리였다.

'누굴까? 누가 사감 선생님 몰래, 어디를 가는 것일까?'

아침 6시에 일제히 일어나고 사감의 허락 없이는 남의 방에 놀러 가지도 못하고 바깥 사람들과 만나지도 못하며, 밤 10시면 불을 끄고 자야 하는 엄격한 기숙사 생활이었다. 그런데 10시 넘어 돌아다닌다는 것은 보통 대담한 짓이 아니었다.

이상한 생각이 든 관순이는 변소에 가는 척 복도로 나갔다. 복도 끝에 걸린 등불에서 나오는 불빛만 희미할 뿐 아무도 없었다. 관순이는 기도실로 갔다. 누구나 언제든지 기도할 수 있도록 기도실은 항상 열려 있었다.

기도실에 들어간 관순이는 두 무릎을 꿇고 기도를 했다.

"하느님, 나라의 독립을 위해 제가 할 수 있는 일을 내려 주세요. 저에게 나라를 찾을 수 있는 힘을 주세요."

나라를 빼앗고, 사랑하는 부모님을 모욕하고, 어린 끝말이의 희망을 거렁뱅이로 만든 일제를 물리치기 위해서는 무슨 일이든지 하겠다고 결심하는 관순이었다.

기도를 마치고 나오던 관순이는 걸음을 멈추었다. 복도 유리창 너머에 불빛이 어른거렸다. 불빛은 금방 꺼졌는데 희미한 달빛 아래 서너 명의 사람들이 급하게 걸어가는 모습이 보였다. 그들은 교문 쪽으로 사라졌다.

'여 선생님들 같은데 누굴까? 무슨 일일까?'

궁금한 마음으로 방에 돌아와 누웠지만 잠이 다 달아난 상태였다.

고향에 두고 온 부모님과 어린 동생 생각이 났다. 매봉산을 뛰어다니며 놀던 생각, 집 앞 냇가에서 물고기 잡던 생각이 나면서 미소가 떠올랐던 얼굴이 갑자기 굳어졌다. 아까의 그 조심스러운 발자국 소리가 다시 들려왔기 때문이었다.

살며시 문을 열고 내다보니 복도에는 아무도 없는데 복도 끝 방문이 마악 닫히고 있는 것이 보였다.

관순이의 가슴은 방망이질하듯 뛰었다. 기도실에서 나오다 본 불빛과 한밤중에 돌아다니는 학생들, 분명 무슨 일인가 있다!

다음 날, 관순이는 끝방 언니들의 눈치를 살펴보았으나 누구 하나 의심 갈 만한 얼굴을 발견하지 못했다. 선생님들도 마찬가지였다. 한밤에 모여 무슨 일인가 도모할 만한 선생님을 알아챌 수가 없었다.

'박인덕 선생님일까?'

그러나 물어볼 수는 없는 일이었다.

"언니, 언니들은 무슨 비밀 조직 가지고 있지?"

예도를 만나 물었지만 펄쩍 뛰었다.

"얘가 무슨 소리야. 큰일 날 소리 하네. 넌 다른 생각 하지 말고 공부나 열심히 해."

"언니 그러지 말고 나도 끼워 줘. 나라를 찾는 데 나이가 무슨 상관이야."

"얘, 아무 일도 없다니깐 그러네."

예도는 끝까지 시치미를 뗐다. 예도는 혹시나 어린 동생이 다칠까 봐 말하지 않았으나 관순이의 짐작대로 상급 학생들 몇몇은 '이문회'라는 모임을 가지고 있었다.

그들은 모여서 토론을 하고 독립을 되찾기 위해 할 일들을 의논했다. 전도사 박희도의 지도를 받고 있던 그들은 얼마 후 3·1 운동에 적극 앞장서게 된다.

"관순아, 선생님 심부름 좀 해 주련?"

하루는 박인덕 선생님이 부탁했다.

"예, 선생님."

"정동교회에 가 있으면 서양 머리를 한 아주머니가 올 거야. 그러면 이것을 그 아주머니에게 주도록 해. 아무 말도 하지 말고 아무것도 묻지 말고 심부름만 해 주었으면 좋겠어."

박인덕 선생님은 작은 주머니 하나를 주었다. 돈인 것 같았지만 관순이는 묻지 않았다. 그리고 평소에 존경하는 선생님의 심부름이었기 때문에 기쁜 마음으로 정동교회를 다녀왔다.

"고맙다. 이 일은 아무에게도 말하지 말거라."

박인덕 선생님은 거듭 부탁했다. 관순이는 선생님이 뭔가 중요한 일을 비밀리에 하고 있음을 어렴풋이 눈치 챘다.

교사들을 중심으로 비밀 결사대가 있었다. 박인덕, 신마실라, 신준려, 김활란, 황애덕 등 이화학당 교사들 10명과 김마리아, 나혜석 등 외부 사람들이 밤마다 학당 다락방에 모였다. 기도실에서 나오다 관순이가 보았던 사람들이었다. 그들은 일제의 억압을 세계 여러 나라에 알리고자 파리 강화 회의에 신마실라를 보낼 계획으로 모금 운동을 하는 중이었다.

 1919년 1월 22일, 고종 황제가 숨을 거두었다. 68세로 건강했던 고종 황제의 죽음에 의문을 품는 사람들이 많았다. 일제가 고종 황제의 식혜에 독을 넣어 독살하였다는 소문이 떠돌았다. 장례식은 3월 3일에 거행할 예정이었다.
 나라를 빼앗기고 나라의 어른이신 고종 황제마저도 죽음을 당하자 분노와 슬픔은 거대한 파도가 되어 사람들을 통곡케 하였다.

대한문 앞에는 소복을 입고 나와 통곡을 하는 사람들로 하얗게 덮였다.

일본 동경에서 공부하던 유학생들은 독립운동을 하기 시작하였고 국내는 국내대로 대규모 독립 만세 운동 계획을 세웠다.

천도교, 기독교, 불교 등 각계의 대표자 33명이 모였다.

"우리 민족 모두가 참여하여 세계 만방에 우리가 독립을 간절하게 원하고 있음을 알려야 합니다. 모두 힘을 합쳐야 큰 힘이 됩니다. 남녀노소는 물론 종교가 다른 사람들끼리도 뭉쳐야 합니다. 그리고 비폭력으로 해야 합니다. 일제가 총칼로 무장하고 덤빈다고 같이 총칼로 대항해서는 안 됩니다."

이들은 다음과 같은 세 가지 원칙을 가지고 독립 선언 만세 운동을 준비하였다.

1. 모두가 참여한다.
2. 한꺼번에 일어나야 한다.
3. 폭력은 쓰지 말아야 한다.

민족 대표 33인 중 한 명인 최남선이 독립 선언서를 썼다. 일본에게 보낼 '독립 통고서'와 미국의 윌슨 대통령에게 보내는 '독립 청원서'도 작성하였다. 최남선이 작성한 독립 선언서는 1919년 2월 27일 인쇄소 보성사에서 밤을 세워 2만여 장 인쇄되었고 일본군 모르게 전국으로 모두 배포되었다. 독립 만세 운동은 이렇게 착착 준비되었다.

이화학당 학생 조직인 이문회도 2월 28일 밤 모임에서 3·1 독립 만세 운동에 참석하기로 결정했다.

1919년 3월 1일.

이화학당의 교내는 무거운 침묵 속에서 아침을 맞이하였다.

'언니들이 아무래도 이상해. 오늘 독립 만세 운동에 참여할 계획이 틀림없어.'

관순이는 언니들을 따라 독립 만세 운동에 참여하기로 굳게 다짐하고 몇몇 뜻 맞는 친구들과 함께 가기로 약속했다.

학생들이 독립 만세 운동에 참여하려는 것을 눈치 챈 프라이 교장 선생님은 학생들을 강경하게 말렸다.

"절대 안 됩니다. 여러분들은 공부하는 학생입니다. 자기 자리에서 자기 일을 열심히 하는 것이 독립을 하는 길입니다. 교문 밖에, 아무도 나가서는 안 됩니다."

교문을 굳게 잠그고 선생님들로 하여금 학교 담을 지키게 하였다. 학생들이 교문으로 몰려갔다. 나가려는 학생과 못 나가게 막는 수위와 몸싸움이 벌어지면서 몇몇 학생들이 교문을 빠져나갔다. 이들은 남대문 쪽으로 나가 다른 학교 학생들과 함께 시위에 참여하였다. 만세 운동은 종로 쪽에서 시작하여 광화문을 지나 태평로를 거쳐 대한문으로 이어졌다.

"이때다. 우리는 뒷담을 넘자."

관순이는 친구들과 함께 뒷담을 넘어 만세 행렬에 끼였다. 그들은 파고다 공원으로 달려갔다. 파고다 공원에는 학생과 시민들로 가득 차 있었다. 그보다 좀 이른 시간에 민족 대표 33인은 공원 옆 음식점에 모여 있었다.

"국장(고종 황제의 장례식)을 보기 위해 지방에서도 사람들이 올라와 지금 많은 사람들이 모여 있습니다. 모두 분노하고 있는데 그들 앞에서 독립 선언서를 낭독하면 자칫 폭력 사태가 일어날지도 모릅니다."

"맞습니다. 그렇게 되면 일제의 총칼에 맨손뿐인 많은 사람들이 다치게 될 것입니다."

사람들이 다칠 것을 염려한 29명은(4명은 지방에서 늦게 도착함.) 그곳에서 대한 제국의 자주 독립 선언식과 함께 만세 삼창을 하고, 자신들이 신고한 일본군에게 잡혀갔다.

파고다 공원에서는 학생 대표 정재용이 팔각정에 올라가 '독립 선언서'를 낭독하였다. 모여 있던 5,000여 명의 학생과 시민들은 대한 독립 만세를 외치면서 거리로 몰려 나갔다.

"대한 독립 만세!"

"일본인은 너희 나라로 물러나라."

"우리는 자주 독립국이다."

거리로 나가자 고종의 국장을 보러 왔던 지방민들이 합세하였다.

만세의 물결은 수만 명이 되었다. 물결은 파도가 되어 너울너울 서울 시내를 뒤덮었다.

"대한 독립 만세! 일본은 물러가라."

관순이는 목이 터져라고 부르짖었다. 학교를 같이 빠져나온 친구들은 사람들 틈에서 헤어진 지 오래였다. 어린 여학생의 피를 토하는 듯한 만세 소리에 사람들의 목소리가 한층 높아졌다.

"우리는 자주 독립국이다."

"대한 독립 만세!"

"일본인은 속히 일본으로 돌아가라."

총을 든 일본군들이 나타나 시위하는 사람들을 잡아들였다.

관순이도 잡혔다. 이 날 잡힌 사람은 수천 명에 달했다. 해가 질 무렵 잡혔던 사람들 대부분이 풀려났다. 거기에 관순이도 있었다.

"네가 무사히 돌아왔구나."

학교로 돌아온 관순이를 붙잡고 사촌 언니 예도가 눈물을 글썽였다.

"다른 학생들은?"

"응. 모두 무사히 돌아왔어."

관순이는 아직도 가시지 않은 흥분으로 온몸이 뜨거웠다. 수만의 인파가 독립 만세를 목이 터져라 부르던 모습이 머릿속에 박혀 사라지지 않았다. 관순이는 기도실로 들어가 좀더 큰 힘을 달라고 빌었다.

5. 잡혀간 박인덕 선생님

 3월 1일, 독립 선언과 독립 만세 운동은 전국 곳곳에서 일어났으며 점차 작은 마을까지도 퍼져 전국에서 700여 회의 만세 운동이 벌어졌다. 중국, 미국, 일본 등의 교포와 유학생 들도 독립 선언과 독립 만세를 불러 우리 나라가 자주 독립국임을 세계 여러 나라에 알렸다. 독립 만세 운동은 다음 날, 또 그 다음 날로 날이 갈수록 치열해졌다.
 3월 5일, 서울 시내 학생들은 다시 만세를 부르며 거리로 뛰어나갔다. 여기에 노동자와 시민들이 합세했다.
 "탕! 탕! 탕!"
 맨손으로 만세를 부르는 학생과 시민 들을 향해 일본군이 총을 쏘아 댔다. 총소리가 나자 사람들이 흩어졌다. 도망가는 사람들을 향해 일본군은 무자비하게 총을 쏘아 댔다. 수많은 사람들이 죽거나 다쳤다. 그리고 100여 명의 사람이 잡혔다. 이 중 학생이 28명이었으며 징역을 받은 학생이 5명이나 되었다.
 관순이는 잡히지 않고 학교로 돌아왔다.
 프라이 교장 선생님은 운동장을 왔다갔다 불안하게 서성이고 있다가 학생과 선생님이 돌아올 때마다 껴안고 눈물을 흘렸다.

다음 날 아침 한 학생이 소식을 가져왔다.

"박인덕 선생님과 신준려 선생님이 아직 안 돌아오셨어."

관순이는 기도실에 들어가 선생님이 돌아오시기를 기도하였다. 그러나 두 선생님은 다음 날도 돌아오지 못했다.

"박인덕 선생님과 신준려 선생님이 잡히셨대."

"만세 운동을 선동하였다고 모진 고문을 당했대."

소문은 곧 사실로 밝혀졌다.

성난 파도처럼 밀려오는 독립 만세 운동을 일본군은 무력으로 진압했다. 그러나 나라를 되찾기 위한 운동은 누그러지지 않았다.

총독부는 신문에 만세 운동 기사를 싣지 못하도록 하였고 전국의 모든 학교에 휴교령을 내렸다.

3월 10일.

"참으로 가슴 아픈 일입니다. 당국의 명령으로 휴교에 들어가게 되었습니다. 모두 집으로 돌아가야 합니다. 언제 다시 학교 문을 열게 될지는 아직 모릅니다. 우리 다 같이 기도합시다."

프라이 교장 선생님은 침통한 얼굴로 말했다.

기숙사가 닫히고 교문이 잠겼다.

관순이는 박인덕 선생님을 위해 자신이 할 수 있는 일이 아무것도 없음을 가슴 아프게 생각하며 예도 언니와 함께 천안 아우내 고향집으로 내려왔다.

고향으로 오면서 보니 곳곳에서 헌병들이 삼엄한 경계를 펴고 있었다. 그들은 만세 운동에 참여한 사람들을 잡아 총살을 시키는 등 곳곳에서 만행을 저지르고 있었다.

봄의 문턱에 들어선다는 입춘이 지났지만 아직은 바람이 싸늘했다. 아우내 장터에서 지령리 집으로 걸어가면서 관순이는 낯선 곳에 온 듯 주위를 두리번거렸다.

조용하였다. 너무나 조용하였다.

'팔도 방방곡곡 모든 사람들이 독립 만세를 목이 터지게 부르건만 내 고향은 조용하기만 하구나.'

대대로 충신 열사가 많기로 유명한 땅인데 이럴 수가 있나 싶었다. 아버지와 작은아버지, 조인원 속장님, 김구응 선생님은 무엇을 하고 계신가 원망스러운 생각이 들었다.

"어? 누나다. 누나야."

집 앞에서 혼자 자치기 놀이를 하던 관석이가 소리질렀다.

"어머니, 관순이 누나가 와요. 관순이 누나가."

관석이는 외치면서 누나에게로 뛰어왔다.

"관석아."

관순이는 뛰어온 관석이를 꼬옥 끌어안았다. 관석이하고는 나이 차이가 많아 어렸을 때 관순이가 업어서 키웠다. 그래서 더욱 정이 가는 동생이었다.

"관순이가 온다고?"

바느질을 하고 있었던지 어머니가 바늘을 쪽 찐 머리에 꽂으며 뛰어 나오셨다.

"저 왔어요, 어머니."

어머니와 딸은 손을 맞잡고 만남의 기쁨을 나누었다.

"잘 왔다. 그렇잖아도 걱정 많이 했어. 서울에서 만세 운동이 벌어졌다는데 네 성격에 가만있을 리 없고 무척 걱정했다. 어디 다친 데는 없지? 잘 왔다. 어여 들어가자."

어머니는 관순이의 손을 잡아끌었다.

"아버지는요?"

"속장님 댁에 갔지. 전국에서 독립 만세를 부르는데 우리 마을만 가만있어 어떡하느냐고 속이 상

해서 요즘은 매일같이 속장님 댁에 가신단다. 어여 들어가자."

관순이는 빈 논 너머 조인원 속장님 댁을 돌아보았다.

'내가 괜한 오해를 했지. 아버지와 속장님이 그냥 계실 리가 없지.'

관순이 얼굴이 환해지면서 목소리가 활기를 띠었다.

"저, 속장님 댁에 다녀오겠습니다."

"쉬었다 저녁 먹고 가렴. 해도 저물어 가는데……."

어머니가 잡고, 관석이가 누나의 치마를 당겼다.

"학교 이야기 해 줘."

"어머니, 금방 다녀오겠습니다."

관순이는 짐보따리에서 종이를 꺼내 저고리 속에 감추었다.

"이잉, 누나."

관석이는 따라오면서 어리광을 부렸다.

"누나, 속장님 댁 다녀와서 같이 놀게. 어머니랑 집에 있어."

따라오는 관석이를 어머니에게 맡기고 잰걸음으로 조인원 속장님 집으로 향했다. 자신이 가져온 소식에 놀랄 마을 어른들의 모습이 눈에 선했다.

"이게 누구냐? 관순이 아니냐?"

속장님 부인이 반가워 외치는 소리에,

"관순이가 왔다고?"

하면서 사랑방 문이 벌컥 열렸다.

"관순이가 왔구나. 어서 들어오너라."

조인원 속장님과 아버지 유중권 씨, 작은아버지 유중무, 김구응 선생님이 모두 모여 있었다.

독립 만세 운동은 기차가 지나는 도시나 큰길이 있는 도시를 따라 번졌다. 신문조차 사실대로 보도를 안 했기 때문에 사람들 이동이 많은 도시가 소식이 빨랐기 때문이었다.

철도가 닿는 천안과 성환에서는 수천 명이 만세 운동에 참여했다. 하지만 천안에서도 더 들어간 작은 마을인 아우내는 마음만 앞설 뿐 어떻게 해야 할지 답답하기만 했다. 이들은 매일같이 모여 한탄을 하고 있었다.

관순이가 방에 들어가 절을 하고 나자 아버지 유중권 씨가 목소리 낮춰 물었다.

"지금 서울은 어떤 형편이냐? 이야기 좀 해 봐라."

"이것 좀 보세요."

관순이는 몸을 돌리고 앉아 품속에 넣어 온 종이 두 장을 꺼냈다.

"태극기 아니냐? 이건 또 뭐냐."

종이를 펼쳐 방바닥에 놓는 아버지의 손이 떨렸다.

"독립 선언서입니다."

"흠, 독립 선언서라고?"

조인원 속장이 김구응 선생님에게 청했다.

"김 선생이 읽어 보시오."

김구응 선생님이 독립 선언서를 집어들었다. 그는 마음을 진정시키려고 심호흡을 하고는 독립 선언서를 읽어 내려갔다.

"오등은 자에 아 조선의 독립국임과 조선의 자주민임을 선언하노라……."

김구응 선생님의 목소리가 감동으로 떨렸다. 나머지 사람들도 눈가가 붉어졌다. 얼마나 애타게 원하는 독립인가? 우리가 독립 국가임을 세계 만방에 알리고 자주민임을 선언하는 264글자로 된 독립 선언서 낭독이 끝났지만 누구 하나 먼저 입을 열지 않았다. 방 안에 고요가 흘렀다.

방 안은 조용하였지만 사람들의 핏줄 속에는 뜨거운 피가 콸콸

용솟음쳤다.

"그래, 서울에서는 무슨 일이 있었는지 본 대로 아는 대로 말해 보렴."

조인원 속장이 한참 후에 입을 열었다.

관순이는 서울에서 일어난 만세 운동 이야기를 자세히 하였다.

"만세 운동으로 죄 없는 우리 국민이 죽고 많은 학생과 시민이 잡혀 갔습니다. 제가 존경하고 따르던 박인덕 선생님께서도……."

관순이는 목이 메어 이야기를 잇지 못했다.

"다 나라 없는 설움이란다. 마음을 진정하거라."

아버지가 등을 토닥였다.

"자, 계획을 세워서 우리도 만세 운동을 합시다."

조인원 속장님이 주먹을 불끈 쥐었다.

"그럽시다. 우리가 독립국임을 일제에게 알려 줍시다."

모두들 두 주먹을 불끈 쥐었다.

해가 지고 어둠이 깃들게 되어 호롱불을 켰다. 밤은 깊어 갔지만 누구 하나 몸을 흐트리는 사람이 없었다.

"만세일은 언제가 좋겠소?"

"음력 3월 1일로 합시다. 그 날이 장날이니 많은 사람들이 모일 것입니다."

"그거 좋습니다. 서울에서는 양력으로 3월 1일, 우리는 음력으로 3월 1일이니 의미가 깊습니다."

만세일을 음력 3월 1일(양력 4월 1일)로 정했다.

"아우내 장에 오는 청주, 진천 등 다른 마을 사람들에게 미리 연락을 해 만세 운동에 같이 참여시켜야 합니다."

"아무렴요. 만세 운동이 뭔지 모르는 사람들에게 알려 모두 참여할 수 있도록 해야죠."

"태극기를 제작하여 사람들에게 나눠 줘 아우내 장터에 태극기의 물결이 넘치도록 합시다."

각자 할 일을 분담했다. 독립 선언서를 등사하는 일과 태극기 만드는 일은 김구응 선생님과 작은아버지 유중무가 맡았다. 학교에서 근무하는 김구응 선생님은 학생들과 함께, 목사 대리로 일하는 작은아버지는 교인들과 함께 그 일을 하기로 했다.

조인원 속장과 아버지는 총책임자로 만세 운동의 모든 일을 점검하고 필요한 물자를 구해 오는 일을 맡았다. 두 사람은 일본 헌병의 눈길이 항상 따라다녀 행동이 자유스럽지 못했다.

천안 길목은 조인원 속장의 아들인 조병호에게, 수신면 쪽은 조만형, 진천 쪽은 박봉래에게 연락과 책임을 맡기기로 했다.

"저도 태극기도 나눠 주고 만세 운동에 참여하도록 사람들을 만나겠습니다."

관순이는 스스로 할 일을 정했다.

"어린 네가 할 수 있겠느냐. 밤늦게 다니는 일도 생길 텐데 할 수 있겠느냐?"

조인원 속장이 염려하였다. 아버지는 어린 딸을 안타까운 눈으로 바라보았다. 태평 시대였다면 좋은 사람 만나 결혼을 했거나 친구들과 놀러 다니며 젊음을 즐겼을 나이의 딸이었다.

"저는 어리기 때문에 의심을 안 할 것입니다. 제게 맡겨 주세요. 나라의 독립을 위한 일인데 그까짓 밤길이 뭐 무섭겠습니까?"

관순이의 굳은 결심은 아무도 꺾을 수가 없었다.

이렇게 관순이가 가져온 독립 선언서와 태극기는 아우내 만세 운동의 도화선이 되었다.

6. 주재소장의 비웃음

아우내 헌병 주재소로(천안 헌병대 병천 분견소) 천안 헌병대에서 전화가 걸려 왔다.

마을 사람들의 동태를 묻는 전화였다.

"여기는 아주 조용합니다. 시골 무지렁이들인데다가 행동과 말이 느린 고장 아닙니까?"

주재소장 고야마의 전화 내용을 듣고 헌병들이 웃음을 터뜨렸다.

"제가 지키고 있는 한 이곳은 아무 일도 없을 것을 약속드립니다. 예. 예."

주재소장 고야마는 전화를 끊고 물었다.

"서울로 공부를 하러 갔던 유중권의 딸과 유중무의 딸이 돌아왔다지?"

한국인 헌병 보조원 정수영이 대답했다.

"예. 어린애들이라 뭐 별일 없을 것입니다. 더구나 조선인들은 여자가 앞장서는 것을 아주 싫어합니다."

"암탉이 울면 집안이 망한다고 말이지."

"예. 그렇습니다."

"유중무의 딸은 나이가 꽤 되었을 텐데……."

"시집갈 나이니 결혼할 생각만 할 것입니다."

"조선인들을 다섯 종류로 나누면 어떻게 나눠지는지 아는가?"

고야마는 거드름을 피우면서 부하들에게 물었다.

"글쎄요. 부자와 가난한 사람, 배운 자와 안 배운 자…… 그렇게 나누나요?"

일본인 헌병 하따 소오베가 대답했다.

"그게 아냐. 조선인들은 다섯 종류로 나눌 수 있는데 말야, 조선인들 중 가장 많은 부류는 양처럼 순하고 무식해서 우리 일본 사람만 보면 무서워서 오줌을 질금질금 싸는 자들이야."

"하하하. 그리고요?"

옆에 있던 한국인 헌병 보조원 정수영과 맹성호는 다른 나라 사람들 이야기인 양 따라 웃었다.

"두 번째는 우리 천황님께 충성을 다하고 아첨하면서 생명을 부지하고 돈을 버는 자들이지. 교활하고 간 쓸개도 없는 자들이야."

"그런 자들이 있지요. 그 자들 덕분에 우리 일본이 조선을 한입에 꿀꺽 했던 것 아닙니까?"

하따 소오베는 비웃음 가득한 눈으로 한국인 헌병 보조원 두 사람을 쳐다보았다. 모멸스러운 눈빛에도 두 사람은 비굴한 웃음을 흘렸다.

"세 번째는 '나라도 망했는데 희망이 뭐가 있냐?' 하면서 술 마시고 놀음하면서 몸 망치고 재산 날리고 놀고먹는 자들이야. 우리 대 일본 제국이 적극 권장하는 인간상이지."
"왜요?"
"모두들 그런 꼴로만 나가면 우리는 조선인들을 완전한 노예로 영원히 부릴 수 있거든."
"아하!"
"그리고 네 번째는 드러내 놓고 일본을 비난하면서 독립운동을 하는 간이 부은 자들이지."
"그런 놈들이 골치입니다. 그런 놈들은 잡아다가 당장 총살

을……."

하따 소오베가 총 쏘는 시늉을 했다.

"아니다. 그런 자들은 여러 사람의 존경을 받기는 하지만 지하에서 활동하기 때문에 항상 자금이 없어 허덕이며 잡혀서 옥살이를 하거나 우리들의 눈을 피해 서양이나 만주로 가 있으니 걱정할 것이 못 돼."

"그러면 우리가 경계해야 할 자들은 누구입니까?"

"가장 골치 아픈 것들은 말야. 싫다 좋다 말도 않고 예의가 바르기 때문에 일본인에게 복종한 것 같지만 벼슬을 주면 공손히 사양하지. 술도 안 마시고 노름도 하지 않으며 교회나 학교에서 젊은이들에게 애국심을 가르치고 마을 사람들에게 존경을 받고 있는 자들이야."

"조인원과 유중권, 김구응, 유중무 같은 자들이군요."

고야마는 들고 있던 지휘봉으로 책상을 탁 쳤다.

"그래, 그들을 잘 감시해야 해."

"잘 알았습니다."

헌병은 존경 어린 눈으로 주재소장에게 경례를 붙였다.

주재소장 고야마는 조선인들을 논리적으로 분류할 수 있을 만큼 학식이 있거나 지혜가 있는 사람은 아니었다. 천안 헌병대에 회의 갔다 들은 이야기로 다섯 번째 부류의 조선인들을 감시하라는 명령을 받았던 것이다.

주재소에서 자신들의 이야기를 하는 줄도 모르고 조인원 속장 집에 모였던 사람들은 헤어져 집으로 가는 중이었다.

관순이는 오랜만에 어머니 옆에 누워 잠을 청했다. 어린 동생들은 관순이를 기다리다 잠이 든 지 오래였다.
"서울 생활은 어렵지 않더냐?"
어머니가 딸의 손을 쓰다듬었다.
"어렵기는요."
관순이는 뜨거운 물이 나오고 서양 비누를 쓰는 학교 세탁실 이야기도 하고, 김장할 때 배추와 양념이 얼마나 어마어마했는가 이야기하기도 했다.
"네가 집에 돌아와서 정말 기쁘구나. 들리는 소문에는 서울에서 학생들이 많이 죽었다고 하는데 얼마나 걱정이 되던지……."
관순이는 어머니에게 걱정을 끼치고 싶지 않았다. 조인원 속장의 집에서 계획하였던 만세 운동 이야기를 하지 않았다. 그 일은 너무 위험해서 결국에는 어머니의 가슴을 아프게 만들 것임을 관순이는 잘 알고 있었다.
"끝말이는 잘 있어요?"
관순이는 슬그머니 이야기를 돌렸다.
"끝말이는 지난 달에 시집갔다."
"예? 어린 나이에 무슨 시집이에요?"

"어리긴. 너도 옛날 같았으면 벌써 결혼할 나이야."

"어머니는……."

"그래, 요즘 나이로는 좀 이르지. 하지만 끝말이네가 집이 워낙 어렵잖아. 먹는 입 하나 줄인다고 청주 어디론가 시집 보냈어."

관순이는 거렁뱅이가 부럽다던 끝말이가 생각나 눈시울을 적셨다.

다음 날, 관순이는 일어나자마자 집 뒤에 있는 매봉산에 올랐다.

"우리도 같이 가."

어제 누나가 늦게 집에 오는 바람에 이야기 한마디도 못 한 관복이와 관석이가 깡충거리며 뛰어나왔다.

"그러자."

관순이는 어린 관석이의 손을 잡았다. 매봉산은 높지는 않으나 경사가 급했다. 관순이 남매는 땀을 흘리며 정상에 닿았다.

아침 햇살이 산 아래 마을들을 평화스럽게 덮었다.

'북쪽에는 북면이 있고, 남쪽으로 가면 조치원, 그 너머에 공주, 남동쪽으로 진천…….'

관순이는 어림으로 자신이 다녀야 할 마을 방향을 돌아보았다.

"누나, 오늘 하루 종일 우리랑 놀 거지?"

어린 관석이는 누나와 같이 산에 온 것이 기뻐서 관순이 주위를 팔짝거리며 뛰어다녔다.

마을을 돌아다니며 사람들에게 만세 운동에 참여할 것을 이야기하러 다녀야 하는 관순이는 생각에 잠겨 동생의 말을 듣지 못했다. 관석이가 울듯이 입을 삐죽거렸다.

"배고프다. 관석아, 내려가자."

심통이 나 있는 관석이 손을 관복이가 잡았다.

산에서 내려온 관순이는 아침밥을 먹고 외출할 준비를 했다. 두 동생들이 누나에게 매달렸다.

"어디 가려고 그래. 우리랑 놀자."

그 이야기를 듣고 아버지가 관복이를 꾸짖었다.

"넌 공부 좀 했느냐? 나라가 어려울 때일수록 공부를 해야 하느니라."

관복이는 얼른 건넌방으로 들어갔다. 관석이는 아버지 눈치를 보면서도 누나를 따라나설 기세였다.

"관석이도 형 곁에서 글을 읽도록 해라."

"예."

관석이는 원망스러운 눈으로 누나를 쳐다보고는 건넌방으로 들어갔다.

"당신도 앞으로는 관순이가 어디를 가든지, 무슨 일을 하든지 묻지 마시오."

아버지 유중권 씨는 부인 이 씨에게 말했다. 어머니는 가슴이 덜컥 내려앉았지만 아무 말 못 하고 고개를 숙였다.

"어머니, 죄송합니다."

관순이는 아버지의 격려 눈빛을 받으며 집을 나섰다.

관순이는 먼저 교회로 가 힘과 용기를 달라고 기도를 하고는 홍호학교로 발걸음을 옮겼다. 마음은 급했지만 천천히 여기저기를 둘러보는 관순이의 모습은 오랫동안 떠났던 고향에 돌아와 놀러 다니는 모습이었다.

"관순이 왔느냐?"

김구응 선생님이 주위를 살펴보며 문 안으로 관순이를 끌어 들였다.

"밤에 일하니깐 추위 때문에 잉크가 뭉쳐 등사가 되지 않는구나. 그래서 이렇게 베끼었어."

김구응 선생님은 직접 베껴 쓴 독립 선언서 한 통을 내주었다.

"예, 선생님."

그 날부터 관순이는 속바지에 특별하게 만든 주머니 속에 독립 선언서와 태극기를 넣고 다녔다. 낮 동안에는 돌아다니며 사람들을 만나 만세 운동에 참여할 것을 설득하였으며 밤이면 태극기를 그렸다. 어머니는 말없이 옆에서 색칠하는 것을 도와주었다.

"너는 유중권 씨의 딸 아니냐."

하루는 복다회리 길에서 얼굴이 익은 신 씨 할머니를 만났다. 할머니는 말 많고 남의 일에 참견을 잘해 인근 마을에서 이름이 나 있었다.

"예. 할머니 어디 가세요?"

"장터, 시집간 딸네 집에 간다. 그런데 너 서울 가서 공부한다고 안 했더냐."

"예. 학교가 쉬어서 내려왔어요."

관순이는 공손하게 말했다.

할머니는 호기심으로 두 눈을 번뜩였다.

"흠. 그런데 그 만세 운동이라는 것이 뭐냐? 그것 하면 배불리 먹을 수 있다는 거냐?"

관순이는 미소 지었다.

"그럼요. 나라를 되찾으면 누구나 배불리 잘살 수 있지요."

농사지은 쌀을 일제가 빼앗아 가 쌀값이 하늘 높은 줄 모르고 뛰어올랐다. 농사를 짓고도 굶어 죽는 사람이 있는 기막힌 일도 생겼다.

"그럼 우리도 만세 운동 해야겠구나."

할머니는 관순이 얼굴을 뚫어지게 쳐다보았다.

"해야죠."

할머니와 헤어져 길을 걸으면서 관순이는 마음이 편치 않았다. 너무나 수다스럽고 가벼운 할머니였다.

'아냐. 할머니가 말이 많기는 하지만 우리 대한 사람이야. 내가 우리 나라 사람을 못 믿으면 누구를 믿는단 말인가.'

관순이는 걸음을 재촉했다.

마을에 가 사람들을 설득하는 데 관순이는 몇 가지 원칙을 가지고 있었다. 교회가 있는 마을에는 먼저 교회를 찾아갔다. 전국적으로 교회를 중심으로 만세 운동을 하는 곳이 많아 이해시키기가 쉽기 때문이었다.

"지령리에 사는 유 자, 중 자, 권 자 되시는 분이 저희 아버지 되십니다."

하면 교회의 대부분의 사람들은,

"으음, 그러냐. 훌륭한 분이시지."

하면서 반기기 때문에 이야기하기 수월하였다.

교회가 없는 마을에 가면 그 마을의 존경받는 어른을 찾아갔다. 대개 나이가 많으신 남자 어른들이었다.

"암, 독립을 해야지. 어린 처녀가 훌륭한 일을 하고 다니는군."

그들은 만세 운동에 참여하겠다고 선뜻 나섰으며 다른 사람들도 참여하도록 설득시키겠다고 했다. 그러나 몇몇 사람은,

"나라 걱정이야 당연한 것이지만 학생은 집에서 조용히 살림을 배우고 있다가 시집이나 가는 것이 좋을 것 같구먼."

하면서 답답한 말을 하는 사람도 있었다.

"내 나라가 없는데 어디에 간들 맘 편하게 살겠습니까? 저에게는 나라의 독립이 먼저입니다. 어린 저도 이렇게 발 벗고 나서는데 어르신께서 몰라라 하면 후에 자손들에게 무어라 하시겠습니까?"

관순이는 신념에 가득 찬 눈으로 상대를 쏘듯이 쳐다보았다.

"온 국민이 독립 만세를 부를 때 나는 몰랐다 하실 것입니까? 무서워서 숨었다 하실 것입니까?"

사람들은 야무지게 따지는 관순이의 말에 할 말을 잃었다.

"가만히 앉았다가 남들이 찾아 준 광복의 밥상을 받으시렵니까?"

또박또박 하나하나 논리 정연하게 설득하는 관순이에게 사람들은 압도당했다.

"대단한 여학생이야."

"관순이 말을 듣고 있으니 참 부끄럽더만."

사람들의 가슴속에 관순이는 독립이라는 불씨를 퍼뜨리며 다녔다.

7. 하루에 80리 길을

아직도 캄캄한 새벽. 관순이는 부시럭거리며 옷을 챙겨 입었다. 옷을 두 겹씩 껴입고 솜 둔 버선을 신는 것이 예사롭지 않았다.

어머니가 놀라 잠자리에서 일어났다.

"동이 트려면 아직 멀었어요. 어머니 더 주무세요."

관순이는 건넌방의 동생들이 깰까 봐 작은 소리로 속삭였다.

어머니는 관순이를 볼 때마다 천 가지 만 가지 생각이 오갔다. 어른보다도 굳은 의지에 나라를 생각하는 애국심이 투철한 딸이 자랑스럽기도 하지만 친구들과 철없이 놀러 다닐 나이에 새벽같이 일어나 돌아다녀야 하는 딸이 애처롭기도 했다. 독립 만세 운동 후에 닥칠 핍박을 생각하면, 딸이 당할 고통이 두려웠다. 그러나 어머니는 한 번도 관순이에게 내색하지 않았다.

"어딜 가려고 새벽부터 일어났느냐?"

"청주에 다녀올 생각입니다. 늦게 올 것 같으니깐 기다리지 마세요."

"관순아. 네가 하는 일을 막지는 않겠다."

어머니는 관순이 손을 덥석 잡았다.

"그러나 날이 밝거든 떠나거라. 청주로 가는 드무실 고개(덜미 고개)는 낮에도 호랑이가 나온다는 말이 있듯 험한 고개가 아니더냐. 호랑이는 아니더라도 굶주린 짐승의 공격을 받을지도 모르고 세상이 험할 때니 도둑 떼들이 있을지도 모른다. 청년들도 어두울 때는 오가지 않는 고개 아니야."

관순이는 미소를 지으며 잡힌 손을 슬그머니 뺐다.

"일찍 출발해야 늦기 전에 돌아올 수 있어요. 너무 걱정하지 마세요."

어머니는 딸의 고집을 아는지라 더 이상 말릴 수가 없었다.

"빈 속에 가면 추위가 더 심해지는 법이다. 어제 먹던 국을 데워 줄 테니 밥을 말아 먹고 가거라."

어머니가 자리에서 일어나며 말했다.

"괜찮습니다. 어머니는 더 주무세요."

"널 굶겨 내보내고 내가 잠이 오겠느냐."

관순이는 어머니의 마음을 편케 하려고 국에 만 밥을 한 그릇 먹고 집을 나섰다. 아버지는 어제 집에 들어오시지 않으셨다. 밤새 조인원 속장님 집이나 교회에서 일을 하신 것이다.

새벽 일찍 길 떠나는 것을 혹시라도 일본 순사의 눈에 띠면 의심을 받을까 봐 관순이는 뛰는 걸음으로 용두리를 벗어났다. 새벽의 매서운 바람 속에서도 관순이의 콧등엔 땀이 솟았다.

 송정 왜마루를 지나 관순이는 드무실 고갯길에 닿았다. 양옆으로 서 있는 나무들이 어둠 속에서 바람에 흔들렸다. 당장에라도 덤벼들 것 같은 괴물 모습에 등이 오싹하고, 바람 소리가 사나운 짐승 소리 같아 다리가 후들후들 떨렸다.
 "동해물과 백두산이 마르고 닳도록……."
 관순이는 애국가를 부르고 주기도문을 외우며 무서움을 참고 걸었다. 나라의 독립을 위해서는 이까짓 무서움쯤은 아무것도 아니라고 마음을 다부지게 먹었다. 서서히 동쪽 하늘이 밝아 왔다. 드무실 고갯마루에 올라섰을 때 둥근 해가 불끈 솟았다. 아침 햇살은 고갯마루에 서 있는 관순이에게 눈부시게 쏟아졌다.
 '나는 한때 나라를 빼앗긴 비운의 나라에 태어난 것을 원망한 적이 있었다. 그러나 지금, 나라를 되찾는 데 내가 한몫을 할 수 있음을

자랑스럽게 생각하며 이런 기회를 주신 하느님께 감사드린다.'

햇살을 받고 서 있는 관순이는 하늘의 계시를 받고 나라의 독립을 위해 태어난 소녀처럼 신비로워 보였다.

고개 아래 농가에서 아침밥 짓는 연기가 한가롭게 퍼지고 사람들이 돌아다녔다.

관순이는 힘차게 발걸음을 내디뎠다.

청주 가까이에서 관순이는 일본 헌병에게 검문을 받았다. 전국에서 일어나는 만세 운동 때문에 도시로 들어가는 길목은 일본 헌병들이 자주 지켰다.

"어딜 가느냐?"

"청주로 시집간 친구를 찾아갑니다."

속바지 주머니에 숨긴 태극기와 독립 선언서가 바스락거리지 않도록 잔뜩 신경을 쓰면서도 관순이는 침착하게 대답했다.

"어디 사는 누구냐?"

관순이는 부아가 치밀었다. 내 나라 내 땅에서 내 맘대로 다니는데 왜 일본인이 참견한단 말인가? 관순이는 어금니를 물면서 화를 꾹 참았다.

"박끝말이라고 제 어렸을 적 친구입니다. 주소는 자세히 모르나 오늘 정오에 시장 앞에서 만나기로 했습니다."

순사는 관순이를 보내 주었다.

'여기까지 왔는데 정말 끝말이를 찾아보면 좋을 텐데…….'

먹을 것이 없어 시집을 가야 했던 끝말이를 생각하면 가슴이 아팠다. 관순이는 그 날 청주와 진천에서 사람들을 만나고 캄캄한 밤에 다시 드무실 고개를 넘었다. 후에 이 이야기를 들은 사람들은 혀를 차며 놀랐다.

'어린 여자애가 담도 크다.'

하루에 80리(32km) 길을 걸은 것도 놀랍지만 깜깜한 밤중에 혼자 드무실 고개를 넘은 대담함에 놀란 것이다.

그렇게 관순이는 20일간 돌아다녔다. 청주, 진천, 연기, 안성, 천안, 목천의 여섯 개 고을을 쉴 틈 없이 돌아다니며 사람들을 만났다.

"마을의 대표를 뽑아 아우내 지령리 조인원 속장님에게 보내세요. 2월 그믐날 밤 12시에 지령리 매봉산에 봉화가 올려질 것입니다. 모두 함께 봉화를 올리세요. 민족의 소원을 봉화로 확인합시다."

발이 부르트고 입술은 터졌으며 햇빛에 그을린 얼굴은 살이 빠져 날카로운데 두 눈만은 빛이 났다. 동그란 얼굴에 언제나 생글생글 웃어 귀여움 받던 관순이가 아니었다.

집에 돌아오면 지친 몸으로 쓰러지듯 깊은 잠에 빠졌다.

'나라 없는 설움이구나. 어린 것이.'

어머니는 눈물을 지으며 부르터 피가 나는 딸의 발에 약을 발라 주었다.

관순이가 만난 사람들은 많이 배우거나 부자인 사람도 많았지만 못 배우고 못 사는 사람들도 많았다. 많이 배우거나 돈이 많은 사람보다 못 배우고 가난한 사람들이 독립 만세 운동에 적극적이었다. 부자들은 만세 운동 후 일제의 핍박을 두려워하고 가진 것을 잃게 될까 봐 망설였다.

"나라가 없는데 논과 밭이 무슨 소용이며 돈 몇 푼이 무슨 소용이 있습니까? 머지않아 일제에게 다 빼앗기고 말 것입니다."

관순이는 피를 토하듯 말했다.

일본은 토지 정리를 한다는 이름으로 등록되어 있지 않은 나라 땅이나 개인 땅을 빼앗았다. 글을 몰라 어떻게 등록해야 하는지 모르던 농민은 멀쩡한 땅을 빼앗겨도 호소할 곳이 없었다. 그런데도 땅 몇 조각이 아까워 벌벌 떠는 졸부가 있었다.

생각 외로 여자들의 호응이 컸다. 여자들은 말없이 집안 살림만 해야 한다는 생각이 머리 속에 깊이 박혀 있던 사람들이었다. 그런 여자들이 관순이의 적극적인 행동에 감탄하고 부러워했다.

"여자도 많이 배우면 저렇게 똑똑하고 당당할 수 있구나."

"참 야무진 학생이구만. 암, 우리 여자도 만세 해야지."

"나라를 찾는 데 여자 남자 가릴 것이 있나."

그들은 관순이에게 밥을 해 주기도 하고 주먹밥을 만들어 주기도 했다.

이렇게 돌아다니던 관순이는 전의에서 우연히 유빈기 씨를 만났다.

"아저씨!"

"관순아."

두 사람은 잠시 할 말을 잃었다.

"어디 다녀오느냐. 네 모습을 보니 먼 길을 걸은 것 같구나."

그렇게 말하는 유빈기 씨도 검게 탄 얼굴에 두 눈만 이글이글 타오르고 있었다. 집을 떠난 지 오래 되었는지 하얀 두루마기가 흙먼지에 얼룩져 있었다.

"우리는 3월 1일날 만세 운동을 하기로 했습니다."

관순이는 소리를 죽여 말했다.

"그래. 내 그럴 것이라 짐작은 했다. 우리 공주도 그 날로 만세 운동 날짜를 잡았단다. 공주와 아우내 장날이 같지 않더냐."

"우리 오빠는 잘 있지요?"

관순이 오빠 관옥이는 학교가 휴교되었지만 아직도 공주에 머물고 있었다.

"그래. 관옥이도 만세 운동 준비로 바쁘다."

두 사람은 손을 맞잡았다.

"몸조심하거라."

"아저씨도요."

오랜만에 만난 사이지만 긴 이야기를 못 하고 두 사람은 헤어졌다. 갈 길이 멀고 할 일이 많았다.

3월 1일은 하루하루 다가왔다.

관순이뿐만 아니라 조인원 속장, 유중권 씨, 김구응 선생님, 유중무 씨 등 여러 사람들은 준비에 바빴다. 날밤을 새울 때가 많았다.

음력 2월 그믐날.

"오늘은 일찍 집에 가서 식구들과 저녁 식사를 같이 하도록 합시다."

조인원 속장이 말했다. 그 동안 식구들과 얼굴을 마주하고 편하게 식사 한 번 못 하고 뛰어다녔던 그들이었다. 다음 날 만세 운동 시위를 두고 마지막 저녁 식사를 가족과 함께 하자는 조인원 속장의 의견이었다.

"그렇게들 하시죠."

유중권 씨도 찬성했다.

그들은 밤 12시에 다시 만나기로 하고 헤어졌다.

관순이네도 오랜만에 식구들이 한자리에 모여 식사를 했다. 아무것도 모르는 관복이와 관석이는 좋아했지만 관순이와 어른들은 말이 없었다.

'이것이 온 가족이 함께 식사하는 마지막 시간일지도 모른다.'

관순이는 관석이가 좋아하는 콩자반을 집어 동생 밥 위에 놓아 주었다.

관석이는 유난히 관순이를 잘 따랐다. 그런 누나가 반찬을 집어 주자 그만 입이 함지박처럼 벌어졌다.

"내일 아침 먹고 관복이는 관석이 데리고 웃말 아주머니댁으로 가거라."

아버지 유중권 씨가 무겁게 입을 열었다.

"왜요?"

열네 살인 관복이는 다음 날이 장날인 것을 알고 있었다. 장 구경을 갈 생각이었는데 아버지 말씀에 실망의 빛을 감추지 못했다. 더구나 어른들이 비밀리에 주고받는 이야기로 만세 운동 한다는 것을 알고 있었다. 태극기를 가지고 많은 사람들이 모여 만세 부르는 것을 보고 싶었다.

"누가 데리러 갈 때까지 거기에 있어야 한다. 장 구경 올 생각은 하지 마라."

아버지는 엄하게 말했다. 관복이는 제 편을 들어주지 않을까 하여 누나와 어머니를 쳐다보았다. 그러나 누나와 어머니는 관복이와 눈도 마주치려 하지 않았다.

조인원 속장 가족은 밥상을 가운데 두고 둘러앉아 기도를 하고 있었다.

내일 만세 운동에 힘을 실어 달라고 하느님께 기도했다. 만세 운동에서 아들 병호가 다치지 않도록 기도하고, 미국에 있는 아들 병옥이가 공부 열심히 해서 나라를 위해 큰 재목이 되게 해 달라고 기도하였다. 같은 시간에 김구응 선생님도 어머니와 아내와 어린 아들과 함께 식사를 하고 있었다.

아내는 울먹이며 밥을 제대로 먹지 못했다.

"내일 당신은 장에 오지 마시오."

김구응 선생님도 밥을 시원스럽게 먹지 못했다. 어린 아들과 아내,

그리고 늙으신 어머니를 두고 떠나는 일이다. 집에서 장터까지는 30여 분 거리지만 돌아오는 길은 멀 것이다. 어쩌면 영영 돌아오지 못할지도 모른다.

"어머님도 내일은 집에 계세요."

채 씨 할머니는 고개를 들어 아들을 쳐다보았다. 요즘 들어 밤잠을 제대로 못 자 수척한 아들이었다.

"나는 장에 갈란다."

"어머니!"

"네가 가는데 널 낳은 이 어미가 뭐가 두렵겠느냐. 나도 대한의 어머니다."

어머니의 고집을 꺾지 못한 김구응 선생님은 목이 메어 그만 수저를 놓고 말았다.

 하늘에는 별들이 총총히 빛나고 있었고 밤은 점점 깊어만 갔다.

 늦도록 시끄럽던 장터에도 불이 꺼지고 깊은 바닷속같이 조용해졌다. 주재소 밖에 내건 남포불만 희미했다.

 모두들 잠이 든 시간. 그러나 잠들지 못한 많은 사람들이 있었다. 만세 운동을 준비하는 사람들은 한 장이라도 더 그리려고 초롱불을 돋구며 태극기를 그렸다.

관순이도 태극기를 그리다가 때가 됐음을 알고 밖으로 나갔다. 마침 사랑방에서 아버지도 나오고 대문으로 작은아버지, 김구응 선생님, 조인원 속장이 들어섰다. 사람들은 말없이 뒤뜰에 마련해 둔 잘 마른 장작에 멜빵을 해 짊어지고 집을 나섰다.

그들은 관순이네 집 뒤의 매봉산으로 오르기 시작했다.

"발밑을 조심들 하시오."

주위는 깜깜했으나 남의 눈을 생각해 불을 켜지 않았다.

"내 뒤를 바짝 따라들 오시오."

평소 매봉산에 자주 다녔던 아버지 유중권 씨가 맨 앞에서 사람들을 인도했다.

사람들은 땀을 흘리며 매봉산 정상에 올랐다. 정상에는 그 동안 모아놓았던 삭정이와 나뭇잎이 수북했다.

나뭇잎과 삭정이 위에 장작을 쌓았다.

"불을 붙입시다. 내일의 성공적인 거사를 위하여……."

"우리 나라의 독립을 위하여……."

"우리가 자주민임을 알리기 위해……."

"우리를 도구로 써 주시는 하느님의 뜻에 감사하기 위해……."

"영혼이 잠자는 사람들 가슴에 독립의 불씨를 퍼뜨리기 위해……."

다섯 사람은 똑같이 불을 붙였다. 불꽃이 피어 올랐다. 불빛에 비친 다섯 사람의 얼굴에 비장함이 서렸다.

몇 시간 후면 그들 각자에게 어떤 일들이 일어날지 모른다. 다만 한 가지 알고 있는 것은 나라의 독립을 위해서는 자기 몸을 아낌없이 바치겠다는 굳은 의지였다.

나뭇잎과 삭정이를 태운 불은 장작에 옮겨 붙고 그 기세는 하늘을 찌를 듯했다.

매봉산에서 불꽃이 치솟자 곧이어 우각산, 강당산, 잣밭 뒷산, 세성산, 개목산에서 각각 봉화가 올랐다.

"아, 대한의 독립을 간절히 기대하는 민족의 불꽃이다!"

다섯 사람은 매봉산 정상에서 움직일 줄 몰랐다.

매봉산에서 솟은 봉화는 점점이 이어가듯 다른 고장으로 퍼져 갔다. 멀리 연화봉에서 불이 일었고 광덕산, 덕산, 덕유산, 화산, 서림산, 약사산, 수리봉에서 일제히 불기둥이 올랐다. 이 날 피어오른 봉화는 모두 24개나 되었다. 봉화불을 본 사람들은 대한의 독립을 위해 혼심을 다할 것을 다짐했다.

8. 태극기의 물결

3월 1일(양력 4월 1일)의 아침 해가 밝았다.

아침을 먹고 나자 아버지의 명령대로 관복이와 관석이는 웃말로 올라가고 어머니는 집 안 정리를 했다. 아버지는 조인원 속장님을 만나러 새벽에 나가고 없었다.

관순이는 그려 두었던 태극기를 꺼내 놓고 어머니와 작별을 했다.

"어머니 먼저 나가 보겠어요."

어머니는 딸을 끌어안았다.

"몸조심하거라."

"어머니도 조심하세요."

잠시 후에 장에서 만나겠지만 어머니와 딸은 얼른 떨어질 줄을 몰랐다. 어머니와 작별한 관순이는 잰걸음으로 장터를 향해 발걸음을 옮겼다.

나라의 독립을 원하는 백성이 어디 아우내 용두리 사람뿐이랴.

아우내 장날을 이용해 만세를 부르려던 사람들이 또 있었으니 천안군 수신면 발산리의 김교선과 이순구, 동면 수창리 한동규, 성남면 갈

전리 이백하, 갈전면 김상철이 그들이었다. 그들은 용두리 사람들보다 조금 이른 시간에 장에 도착하였다.

"우리와 함께 독립 만세를 부릅시다."

"이 기회에 일제를 몰아냅니다."

장에 온 사람들을 붙잡고 만세를 부를 것을 설득하고, 분위기가 이상해 돌아가는 사람들에게 같이 만세를 부를 것을 호소했다.

"가시면 안 됩니다. 단결된 힘을 보여 주어야 합니다."

"독립하려는 의지를 보여 줍시다."

그때 조인원 속장, 유중권 씨, 김구응 선생님, 유중무 씨, 관순이와 예도가 장터에 도착하면서 만세 운동은 활기를 띠었다. 그들은 안고 온 태극기를 나누어 주기 시작하였다.

"신호에 따라 태극기를 흔들며 만세를 부르세요."

"자, 태극기들 받아 가세요."

관순이와 약속을 했던 부녀자들이 몰려왔다. 쪽 찐 머리의 결혼한 여자도 댕기 머리 처녀들도 태극기를 받아 들었다.

"관순아, 나도 왔다."

태극기를 받아 들며 신 씨 할머니가 웃었다.

"잘 오셨어요. 소리 높여 독립 만세를 부르세요."

가져온 태극기를 사람들에게 다 나누어 주자 관순이는 옆에 쌓여 있는 가마니 위로 올라갔다.

남녀노소 수천 명의 술렁이던 사람들이 한순간 조용해졌다.

사람들 앞에 솟아나듯 우뚝 선 열여섯 살의 관순이는 하늘에서 내려 보낸 정의의 전령처럼 보였다. 관순이는 하늘을 한 번 우러러보고 입을 열었다.
　"우리 나라는 4천 년 역사의 독립 국가입니다. 그런데 일본인들이 강점하고 우리를 억압하고 있습니다. 대한 제국은 독립 국가입니다. 우리 나라를 되찾읍시다. 다같이 독립 만세를 부릅시다."
　관순이는 태극기를 번쩍 쳐들었다.
　"대한 독립 만세!"

양옆에 서 있던 조인원 속장과 아버지 유중권 씨가 들고 있던 대형 태극기를 휘둘렀다.

"대한 독립 만세!"

이것을 신호로 사람들은 들고 있던 태극기를 흔들며 외쳤다.

"대한 독립 만세!"

"대한 독립 만세!"

태극기는 바람을 일으키며 펄럭였고 만세 소리는 천둥이 되어 산과 들로 울려 퍼졌다. 상투를 튼 사람도, 갓을 쓴 사람도, 머리를 신식으로 깎은 사람도, 댕기를 들인 젊은 여자도, 쪽을 찐 결혼한 여자도 다 같이 목청 높여 만세를 불렀다.

"대한 독립 만세!"

"일제는 물러가라."

주재소 헌병들이 놀라서 달려 나왔다.

"뭣들 하는 거냐? 당장 해산하라. 해산하라."

주재소장 고야마는 소리를 고래고래 질렀다. 그는 장터에 모여 만세를 부르는 사람들이 첫 번째 부류, 즉 양처럼 순하고 무식해서 일본 헌병이라면 벌벌 떠는 그런 사람들로 얕잡아 생각했다.

"당장 해산하라!"

겁을 주면 사람들이 해산할 것으로 믿었다.

"일제는 물러가라."

"대한 독립 만세!"

만세 소리는 더욱 커지고 사람들은 더욱 많아져 봇물처럼 장터에 넘쳤다. 겁이 난 주재소장 고야마는 소리쳤다.

"발사! 발사!"

"탕!"

"탕!"

"탕!"

사람들 맨 앞에서 만세를 부르던 김구응 선생님이 총에 맞았다.

"대한 독립 만……."

김구응 선생님이 쓰러졌다.

"구응아!"

그 모습을 본 채 씨 할머니가 사람들을 헤치고 달려가 피 흘리는 아들을 끌어안았다.

"이놈들아, 너희가 우리 나라를 빼앗더니 우리 아들까지 죽였구나. 이 나쁜 놈들아!"

채 씨 할머니의 피를 토하는 절규였다. 헌병은 채 씨 할머니의 등에 대고 총을 쏘았다. 어머니는 아들의 시신 위에 쓰러졌다. 헌병은 총검으로 숨진 할머니의 등을 마구 찔렀다. 피가 튀고 피비린내가 퍼졌. 잔악한 그 모습에 사람들은 흥분했다. 그들은 김구응 선생님의 시신을 안고 주재소로 몰려갔다.

고야마가 주재소로 도망쳤다.

"전화선을 끊어라."

누군가 소리쳤다.

젊은이들이 장터 밖으로 달려 나가 전신주에 올라갔다. 그러나 한 발 늦었다. 전선을 끊고 전신주를 넘어뜨렸을 때는 이미 고야마가 전화로 천안에 지원 요청을 한 뒤였다.

성난 파도처럼 몰려오는 사람들을 헌병들은 감당하지 못하고 주재소 안으로 도망쳤다. 주재소 안으로 쳐들어가려는 사람들을 막으려고 헌병들은 필사적이었다. 총을 쏘고 총검을 휘둘렀다.

유중권 씨가 총에 맞고 쓰러졌다.

"형님!"

총 맞고 쓰러진 유중권 씨를 총검으로 다시 찌르려는 것을 보고 유중무 씨가 두루마기를 벗어 그 끈으로 헌병의 목을 감아 나꿔챘다.

"형님에게서 물러나라."

유중무 씨는 피 흘리는 형을 안고 주재소 안으로 밀고 들어갔다.

"우리 형님을 살려 내라."

"죽은 사람들을 살려 내라. 우리는 평화적으로 운동하는데 왜 총을 쏘느냐?"

주재소는 안으로 들어가려는 사람들과 막으려는 헌병들로 아수라장이 되었다. 유리창이 깨지고 비명 소리가 울렸다.

"이놈들아. 평화적으로 독립 만세를 부르는 우리 아버지를 죽이다니……."

관순이는 일본 헌병을 밀치며 아버지 곁으로 가려고 했다. 헌병들은 양손으로 총을 잡고 사람들을 밀어냈다.

유중무 씨는 안고 있는 형에게서 점점 힘이 빠져나감을 느꼈다. 피를 너무 많이 흘리고 있었다.

"안 되겠다. 형님을 안전한 곳으로 옮겨야겠다."

유중무 씨는 혼란한 틈을 타 형을 안고 몸을 피했다.

"아니 이 계집애가."

헌병은 매달린 관순이를 주먹으로 사정없이 때리고 있었다. 입술이 터져 피가 튀었다.

"이놈들아, 어디다 손을 대느냐!"

어머니가 딸을 구하려고 헌병에게 달려들었다.

"탕!"

헌병의 총이 불을 뿜었다.

"아악, 관순아."

가슴에 총을 맞은 어머니는 그 자리에 쓰러져 숨을 거두었다.

"아, 어머니!"

관순이는 어머니를 부여잡고 소리를 질렀다. 하늘이 무너지고 땅이 꺼지는 듯했다. 나라를 빼앗긴 것도 분하고 원통한데 일제의 손에 어머니를 잃다니…… 관순이는 피눈물을 흘렸다.

 유중무 씨는 피를 흘리는 유중관 씨를 업고 헌병들을 피해 장터 안쪽으로 도망을 쳤다.

 "문 좀 열어 주시오. 문 좀 열어 주시오."

 아침에 잠깐 문을 열었다가 만세 소리에 가게들은 다 문을 꽁꽁 걸어 잠가 놓고 만세 운동에 참가했거나 몸을 피했기 때문에 사람이 없었다.

 "사람이 죽어 갑니다. 문 좀 열어 주세요."

 주재소 쪽에서는 총소리와 아우성 소리가 더욱 심해졌다. 유중무 씨는 형의 상처를 묶고 숨을 곳을 찾아 헤매었다. 유중관 씨는 피를 많이 흘려 정신을 잃고 있었다.

 "이리 오세요. 목사님."

가게와 가게 사이 골목에 판자 벽처럼 생긴 문이 열리고 머리가 하얀 할머니가 내다봤다. 할머니가 마침 교회에 다니는 분이었다.

"할머니. 우리 형님 아시죠? 형님 좀 잘 봐 주세요. 제가 치료할 사람을 구해 오겠습니다."

유중무 씨는 형을 할머니에게 맡기고 밖으로 뛰어나갔다. 형을 치료할 사람을 구하러 가던 그의 눈에 한국인 헌병 보조원 맹성호가 일본 헌병과 함께 날뛰며 몽둥이로 사람들을 때리고 발로 차는 것을 보았다. 유중무 씨의 눈에서 불이 튀었다.

"네가 대한인으로 이럴 수가 있느냐? 헌병 보조원을 몇 년이나 할 수 있을 것 같으냐?"

하면서 맹성호를 잡고 뒹굴었다. 헌병들이 달려들어 유중무 씨를 짓밟고 묶었다.

사람들은 주재소 안까지 쳐들어가 소화기로 유리창을 부수었다. 어느 가게 집에서 가져온 듯 삽과 곡괭이로 유치장을 부수었다. 평화적으로 시작한 만세 운동이었지만 총을 맞고 죽어 간 사람들을 보자 그들의 분노는 폭발했다. 일부 사람들은 면사무소와 우체국을 습격하기도 했다.

천안 헌병대에서는 철도 옹호대장 다리갑 대위와 헌병 6명을 아우내로 급히 파견시켰다.

"분명히 아우내 입구를 지키고 있을 것이다. 태극기를 들고 가자."

그들은 마치 만세 운동에 참여하는 사람들처럼 태극기를 휘두르며 달려왔다.

"자동차가 온다."

천안에서 들어오는 길목을 막고 있던 청년들은 먼지를 일으키며 달려오는 자동차를 보고 긴장하였다.

"태극기를 흔들며 오는데요."

"천안 쪽에서 만세를 부르러 오는 사람들인가 보다."

그들은 태극기를 보고 긴장을 풀었다. 그 순간 자동차에 탄 헌병들은 총을 쏘아 대면서 장터 쪽으로 달려갔다.

분하고 원통한 일이었지만 어쩔 수 없는 일이었다. 싸움을 싫어하고 평화를 사랑하며 농사만 짓던 순진한 그들이 어떻게 음흉한 그들의 계책을 알았겠는가.

지원군들은 아우내에 들어서면서 총을 쏘아 대어 사람들의 혼을 다 빼놓았다.

"탕! 탕! 탕!"

연달아 총소리가 나고 비명 소리가 났다.

겁에 질린 사람들이 우왕좌왕하기 시작했다. 사람들은 흩어지고 숨었다.

그 소란 속에서 조인원 속장의 피 끓는 외침이 들려왔다.

"대한 독립 만세! 일제를 물리치자."

잠시 혼란스러웠던 사람들은 조인원 속장의 소리에 정신을 가다듬고 다시금 만세를 외쳤다.

"탕! 탕! 탕!"

많은 사람들이 총에 맞거나 총검에 찔려 쓰러졌다. 조인원 속장도 총에 맞았으나 워낙 건장했던 몸이라 피를 흘리면서도 만세를 불렀다. 그의 모습을 보고 사람들은 용기를 잃지 않았다.

총을 쏘면서 주재소로 달려간 다리갑 대위는 한 소녀가 주재소장 고야마 멱살을 잡고 흔드는 것을 보았다.

"이놈들아 내 부모님을 살려 내라."

관순이었다.

아우내 총책임자인 고야마는 어린 소녀에게 멱살을 잡히는 망신에 분이 터져 날뛰었다.

"이 계집애를 꽁꽁 묶어라."

지원군이 도착하자 기세가 등등해진 헌병들이 우르르 달려들어 관순이를 잡아 묶었다. 옷이 찢어지고 곱게 땋았던 머리가 풀려 산발이 되었다.

"놓아라. 이놈들아. 너희 나라로 돌아가라."

관순이는 묶인 채 얻어맞으면서도 소리를 질렀다.

헌병들은 붙잡아 묶은 사람들을 주재소 앞에 꿇어 앉혔다.

이 날 아우내 만세 운동

에 참여한 사람들은 3,000여 명이 넘었다. 보통 장날 같으면 500여 명이 모여드는 것에 비교하면 엄청난 숫자였다. 관순이가 밤길을 무서워하지 않고 발이 부르트면서 설득하고 다닌 성과였다.

아우내 만세 운동에서 많은 사람이 사망하고 다쳤다.

김구응, 김상헌, 박병호, 박유복, 박준규, 신을우, 유중오, 윤태영, 윤희천, 이성하, 이소제(관순이 어머니), 전치관, 채 씨 할머니(김구응 어머니) 한상필 등은 만세 운동 현장에서 사망하였고, 박상규와 방치석은 그 다음 날 사망하였다. 총에 맞고 총검에 찔렸던 유중권 씨는 3일 뒤에 사망하였으며, 박영학과 서병순은 이때 다친 상처로 7월과 8월에 각각 사망했다.

총에 맞은 조인원은 진천 영국인 병원에서 일본군의 감시를 받으며 치료를 받고 3개월 후에 공주 감옥으로 끌려갔다.

9. 불타는 관순이의 집

 웃말 친척 아주머니에게 가 있던 관복이와 관석이는 하루 종일 불안했다.

 친척 아주머니도 장터 쪽에서 들려오는 소리에 안절부절못했다.

 "저 소리는…… 저게 총소리 아니냐?"

 생전 총을 구경도 못 하고 소리도 들어 본 적 없는 아주머니였지만 만세 소리와 함께 들려오는 것이 총소리가 틀림없다고 생각했다.

 "큰일이 벌어졌구나. 이를 어쩌나, 이를 어째."

 아주머니는 사립문 밖으로 나갔다 들어왔다 하기를 수십 차례 하더니 관복이 형제에게 말했다.

 "애들아, 절대 집 밖에 나가지 말거라. 아주머니가 잠깐 장터에 다녀오마. 금방 올 테니 집 보고 있어."

 아이들에게 늦은 점심을 차려주고 아주머니는 총총히 장터로 내려갔다. 금방 온다는 아주머니는 가더니 소식이 없었다.

 장터 쪽에서는 총소리가 계속 들려오는데 텅 빈 집에서 두 아이는 무서웠다.

"형, 집에 가자."

관석이가 졸라 댔다.

"안 돼. 아버지가 이곳에 있으라고 했잖아. 아주머니도 그러셨고."

관복이는 열네 살이다. 어른들이 무슨 일을 하는가 어렴풋이 알고 있었다. 동생만 없다면 장터에 가 같이 만세를 부르고 싶었다. 독립만세를 힘차게 부르고 싶었다.

"형, 이젠 총소리도 들리지 않는다."

"……."

해가 지자 장터 쪽은 조용해졌다. 만세 소리도 들리지 않았다. 아무 소리도 들리지 않게 되자 더욱 무서운 생각이 들었다.

"형, 집에 가자."

관석이가 다시 조르기 시작했다.

"안 돼. 데리러 올 때까지 기다려야 해."

"지금 누나가 우리 데리러 올 거잖아. 우리가 가다가 만나면 더 빨리 집에 갈 수 있잖아."

어린 관석이는 혼자 꾀를 냈다. 관복이도 더 이상 참고 있을 수가 없었다.

"그래 가자."

손을 잡고 웃말을 내려오는데 매봉산 아래에서 연기가 솟았다.

"저, 저기는!"

관복이와 관석이는 달렸다. 그러다가 우뚝 걸음을 멈추었다. 관복이네 집과 옆에 있는 매봉교회가 불타고 있었다.

"형!"

두 아이는 불타는 자기 집을 바라보며 울음을 터뜨렸다.

매봉교회와 관순이네뿐만 아니었다. 헌병들은 미친 개처럼 날뛰었다. 운동에 가담한 사람을 찾아내려고 남의 집 방을 군홧발로 짓밟고 문짝을 부수었으며 운동과 관계없는 사람도 치고 때렸다.

용두리는 그야말로 쑥대밭이 되었다.

천안에서 온 헌병 지원군 중 두 명만 천안으로 돌아가고 5명은 남아서 용두리를 휘젓고 다녔다.

관순이네 초가집은 다 타서 주저앉아 제풀에 불이 꺼져 가고 있었다.

헌병이 다른 곳으로 옮겨 갔다. 관복이와 관석이는 집 가까이 다가갔다.

"……."

엄하면서도 자상했던 아버지가 책을 읽던 사랑방, 남자 삼 형제가 뒹굴고 장난치면서 같이 쓰던 건넌방, 어머니와 관순이가 바느질도 하고 도란도란 이야기 나누던 안방이 형체도 없이 사라져 장작 몇 개로, 재 몇 무더기로 남아 연기만 하얗게 올라갔다.

"누나!"

관석이가 누나를 부르며 울음을 터트렸다. 관복이가 관석이 입을

틀어막았다.

"울지 마. 헌병이 오면 어쩌려고 그래."

동생의 입을 막고 있는 관복이도 소리 없이 울고 있었다. 두 아이는 막대기를 들고 타고 남은 재를 뒤적였다. 그러나 아무리 찾아보아도 식구들과 단란했던 시절의 추억 한 조각 남아 있지 않았다.

"그만 작은아버지 댁으로 가자."

주위가 캄캄해져서야 두 아이는 집 앞을 떠났다.

"아구구구. 아구구구."

작은아버지 유중무 씨 댁 가까이 오자 찢어지는 듯한 비명 소리가 들렸다.

놀란 관석이가 관복이 옆에 바싹 붙었다.

"빨리 네 딸이 간 곳을 대라."

옆집 모퉁이에서 내다보니 작은아버지 댁은 횃불로 낮처럼 밝았다. 바깥마당에서 헌병 하나가 작은어머니 머리채를 잡고 발로 차고 있었다.

"네 딸 예도가 간 곳을 말해라. 말하지 않으면 너와 네 남편은 살아남지 못할 것이다."

"아구구구, 모른다. 나는 모른다. 아구구."

헌병이 찾아오기 얼마 전에 장터에서 만세를 부르던 예도가 도망쳐 왔었다.

"어머니, 어서 도망가요. 놈들이 사람들에게 총을 마구 쏘아서 큰아버지 큰어머니가 다 돌아가셨어요."

작은어머니는 얼굴이 새파랗게 질렸다.

"아버지는?"

"아버지는 놈들에게 잡혔어요. 어머니 빨리 도망쳐야 해요."

예도는 어머니 손을 잡아끌었다.

"아니다. 예도야. 나는 집을 지킬 테니깐 너나 도망가거라."

"헌병들이 오면 어머니는 수모를 당하시게 될 거예요."

"글쎄 내 걱정은 하지 말고 어서 도망가거라."

어머니는 집 안에 있는 돈을 다 털어 예도에게 주면서 등을 밀었다.

"예산 쪽으로 가거라. 그쪽으로 가면 친척들이 많으니 밥 한 끼 얻어먹기는 어렵지 않을 것이다."

예도는 울면서 뒤돌아보고 또 보면서 몸을 피했던 것이다.

예도가 떠나고 10분도 안 되어 헌병들이 들이닥쳤다.

"이래도 말하지 않겠느냐?"

헌병이 칼을 빼 작은어머니 목 앞에 바싹 들이댔다.

구경하던 몇몇 마을 사람들은 안타까워 발만 동동 구를 뿐 어쩌지를 못 했다.

"모른다. 모른다지 않느냐."

작은어머니는 모른다는 말만 계속하다가 그만 기절했다.

집 모퉁이에서 작은어머니가 헌병들에게 당하는 모습을 훔쳐보며 관복이과 관석이는 눈물을 흘렸다.

끝내 아무것도 알아내지 못한 헌병들은 감시할 헌병 한 명을 남겨 놓고 돌아갔다. 관복이는 관석이를 데리고 웃말로 올라갔다. 그러나 멀리서 보니 낮 동안 가 있었던 아주머니 집에 횃불들이 돌아다니는 것이 보였다.
"헌병이 지키고 있구나."
관복이는 관석이를 데리고 발길을 돌렸다.

일본 헌병들은 용두리 집집마다 찾아다니며 만세 부른 사람을 내놓으라고 협박하고 횡포를 부렸다. 가는 곳마다 비명 소리와 울음소리가 들렸다.

"우리 부모님은 어떻게 되셨을까? 누나는……."

누구 하나 붙들고 물어볼 사람이 없었다. 그저 큰일이 난 것만은 틀림없다는 생각이 들어 무서웠다.

관복이는 곰곰이 생각하다가 장터에 가 보기로 했다. 거기에 가면 아는 얼굴이라도 만나 무슨 소식이라도 듣겠지 싶었다.

어둠이 깔린 길에는 오가는 사람 한 명 없었다.

장터에 가까이 가자 찢어진 태극기와 옷가지, 찌그러진 갓과 임자 없는 짚신짝들이 여기저기 널려 있었다. 그것들은 낮에 있었던 만세 운동의 격렬함을 말해 주고 있었다.

관복이와 관석이는 서로의 손을 꼬옥 잡았다.

장터 안에 들어가자 가끔씩 사람들이 눈에 띄었지만 말을 붙일 사이도 없이 빠른 걸음으로 지나쳤다.

"애들아, 너희들 왜 이러고 다니니. 어서 집에 가거라. 가!"

상투 머리가 흘러내려 무섭게 보이는 아저씨가 지친 목소리로 두 아이에게 말했다.

"아, 아저씨, 우리 아버지 못 보셨어요?"

"너희 아버지가 누구냐?"

"유 자, 중 자, 권 자 되십니다."

"……너희가 관순이 동생들이구나. 이러고 다니면 위험하다."

아저씨는 두 아이를 데리고 장터 속으로 들어갔다. 몹시 어둡고 조용했다.

"조심해서 따라 들어와라."

아저씨는 불빛도 없는 한 가게 안으로 더듬거리며 들어갔다. 관복이가 그 뒤를 쫓아 들어가는데 관석이가 형의 등에 찰싹 붙었다.

안으로 들어가자 희미한 호롱불을 켜 놓고 마루에 앉았던 주인 여자가 놀라 손을 저었다.

"여길 들어오면 어째요. 지금 헌병들이 두 눈에 불을 켜고 만세꾼들을 잡으러 다니는데……."

"얘들에게 국밥이나 말아 줘요."

여자는 관복이와 관석이를 보고는 손으로 자기 입을 막았다.

"얘, 얘들, 유중권 선생님 댁 애들 아니에요. 이 아저씨가 누구 죽는 꼴을 보려고 이래. 빨리 나가요. 나가!"

여자가 아저씨를 떠밀었다. 그러나 그 손이 매몰차지 못했다.

"오늘 장사 못 해서 국밥 많이 남았죠? 빨리 말아 줘요. 그럼 먹고 빨리 가리다."

아저씨는 뚝심 좋게 마루에 털썩 주저앉았다. 여자는 얼른 부엌으로 들어갔다.

"너희도 앉거라. 춥고 배고프지? 밥을 먹고 나면 좀 나을 것이다."

아저씨는 흘러내린 머리를 쓸어 올려 상투를 틀었다.

"아저씨, 우리 부모님과 우리 누나가 어디 있는지 아세요?"

관복이가 다시 물었다.

아저씨는 푸우 하고 한숨을 내쉬었다. 그는 만세를 부르다 두 아이의 부모가 총에 맞는 모습도 보았고 관순이가 잡히는 것도 봤으나 천천히 고개를 저었다. 관순이 소식만 알려주었다.

"너희 누나는 얼마 전에 천안 헌병대로 끌려갔단다."

아저씨의 말에 관석이가 울음을 터뜨렸다. 관복이가 놀라 동생의 입을 막았다.

"나쁜 놈들."

아저씨는 머리를 떨구었다.

주인 여자는 금방 밥상을 차려 왔다.

"먹어라. 앞으로는 어려운 일이 더 많을 것이다. 먹을 수 있을 때 배불리 먹어 두거라."

아저씨는 두 아이에게 수저를 들려 주고는 자신도 국밥 그릇을 들고 허겁지겁 밥을 먹었다. 이른 아침을 먹고는 하루 종일 굶은 것이 틀림없었다. 관복이와 관석이도 잠시 슬픔을 잊고 수저를 빠르게 움직였다. 두 아이가 밥그릇을 거의 비웠을 때 갑자기 밖이 소란스러워졌다. 아저씨가 앞에 있는 호롱불을 혹 불어 껐다.

"빨리 움직여라. 여기다, 여기."

뛰는 발자국 소리가 들리고 외마디 비명 소리가 들렸다.

"너희들은 마루 밑에 들어가 꼼짝 말고 있다가 조용해지면 가거라."

아저씨가 어둠 속에서 속삭이고는 소리 없이 나갔다.

밖에서 일본 헌병 목소리가 들려왔다.

"여기 숨어 있었군."

"당장 끌어내."

"피를 너무 흘려서 곤란합니다. 그냥 놔두어도 죽을 것 같습니다."

그들이 주고받는 소리가 또렷하게 들렸다.

마루 밑에 숨은 관복이와 관석이는 덜덜덜 떨고 있었다.

"그래? …… 그럼 네가 남아 지키도록 해라. 잘 지켜라."

그리고 어수선한 발자국 소리가 사라졌다.

일본 헌병들이 찾아낸 것은 유중권 씨였다. 집집마다 수색을 하던 헌병들은 피를 너무 많이 흘려 죽은 듯 창백하게 누워 있는 유중권 씨를 발견했으나 곧 숨을 거둘 것이라는 생각이 들어 그냥 가 버렸다.

몇 집 건너에서 아버지가 죽어 가고 있을 줄은 꿈에도 생각 못 한 관복이와 관석이는 밖이 조용해지자 국밥 집을 나왔다.

"천안으로 가자. 거기에 가면 누나 소식을 알 수 있을 거야. 누난 아버지 어머니가 어떻게 되셨는지 알 거야."

천안 헌병대에 가 한 번이라도 좋으니 누나의 얼굴을 봐야겠다는 생각에 두 아이는 밤길이 무서운 줄 모르고 걷기 시작했다.

10. 하느님이 시킨 일

 장터에서 잡힌 수십 명의 사람들은 오랏줄에 생선처럼 묶여 천안 헌병대로 끌려갔다. 관순이는 끌려가면서도 애국가를 부르고 만세를 불렀다. 그때마다 일본군에게 개머리판으로 얻어맞았지만 조금도 그칠 줄을 몰랐다.
 "저 계집애 지독한 악질이야."
 일본군들은 감시를 게을리 하지 않았다.
 낮에는 총칼 앞에서도 무서워하지 않고 만세를 부른 관순이었지만 밤이 되어 누우니 잠을 이룰 수가 없었다. 피를 흘리며 쓰러진 어머니의 시신이 눈앞을 가리고, 피를 흘리며 작은아버지에게 업혀 간 아버지의 소식을 몰라 애가 탔다. 끌려올 때 옷 앞섶이 피로 물들은 작은 아버지를 멀리서 봤지만 아버지의 안부를 묻지 못했다. 조인원 속장의 아들 조병호도 잡혀 온 것을 보았으나 사촌 언니 예도는 보이지 않았다. 관순이는 예도 언니가 무사히 도망쳤기를 빌었다.
 '아, 관복아, 관석아.'
 웃말 친척집에 보낸 동생들은 어떻게 되었을까? 관순이는 가슴을 쥐어뜯으며 울음을 참았다.

그때 누군가 옆으로 기어와 팔꿈치로 관순이를 쳤다.

"너 잘 만났다. 내가 네 꼬임에 빠져 이 꼴이 되었구나. 어쩔래, 어쩔 거냐고."

입에 거품을 물며 야단하는 것은 복다회리에 사는 신 씨 할머니였다.

관순이는 기가 막혔다.

"할머니. 왜 이러세요. 마음을 진정하세요."

"진정하라고? 우리 집안이 너 때문에 다 망하게 되었는데 진정하라고?"

신 씨 할머니는 악을 악을 썼다.

"시끄럽다. 조용히 못 할래."

헌병이 와서 소리를 지를 때까지 신 씨 할머니는 포악을 피웠다.

관순이는 신 씨 할머니가 불쌍했다. 얼마나 무섭고 살고 싶으면 저럴까 싶었다. 관순이는 할머니를 돌봐 주시라고 간절히 기도하였다.

다음 날 날이 밝았다.

남의 집 헛간에서 잠을 자고 난 관복이 형제는 아침 일찍 천안 헌병대에 도착하였다.

"저 안에 정말 누나가 있을까?"

"형이 한번 불러 봐."

철없는 관석이는 누나를 불러 보라고 형을 졸랐다.

헌병대 안을 들여다보는 두 아이에게 헌병이 소리쳤다.

"뭐 하는 녀석들이야. 당장 가지 않으면 유치장에 처넣겠다."

두 아이는 멀찍이 도망쳐 헌병대를 지켜보았다.

헌병대 주위를 돌던 관복이 형제는 면회 온 용두리 사람들과 작은어머니를 만났다.

"얘들아. 너희들이 어떻게 여기까지 와 있니?"

작은어머니의 피멍 든 얼굴이 퉁퉁 부어 있었다.

관복이 형제는 작은어머니를 보자 뜨거운 눈물이 다시 솟구쳤다.

"울지 마라. 기운 빠진다. 울지 마라."

아이들을 달래면서 작은어머니도 눈물을 흘렸다.

아침 일찍 아우내에서 걸어왔건만 만세 운동 하다가 잡혀 온 사람들은 아무도 면회가 되지 않았다. 관석이 형제와 용두리 사람들은 안타깝고 분한 마음으로 돌아갔다. 집으로 돌아가는 길에 작은어머니를 통해 부모님의 이야기를 들은 관복이와 관석이는 천안에서 아우내까지의 길을 눈물로 적시며 걸었다.

며칠 후 면회를 겨우 할 수 있게 되었을 때도 관복이 형제는 어리다는 이유로 누나를 만날 수 없었다.

슬프고 안타까운 마음은 관순이도 마찬가지였다.

가족을 면회 온 지령리 사람들의 입을 통해 아버지가 돌아가셨다는 이야기를 들었다.

"아버지마저 돌아가시다니······."

"숨은 곳에서 헌병에게 발각됐으나 일제가 주는 약은 먹지 않겠다고 거부를 하셨단다. 3일 만에 돌아가셨지."

"나라를 빼앗고 부모님을 빼앗아 간 일제를 나는 죽어도 용서하지 않을 것이다."

관순이는 통곡을 했다.

천안 헌병대 유치장에서 10일간 있는 동안에도 매일같이 관순이는 만세를 불렀다. 목에서 피가 나고 만세를 부를 때마다 얻어맞아 온몸이 만신창이가 되었다.

10일 후 관순이와 잡혀 있던 사람들은 공주 법원 검사국으로 송치되었다. 공주에 가니 천안, 온양, 공주 등지에서 만세 운동을 했던 사람들이 잡혀 와 있었다. 그 중에는 이화학당에서 같이 공부하던 친구들도 있었다. 그들은 얼싸안고 울며 기뻐하며 서로를 격려하였다. 그리고 남자 감옥에 오빠 관옥이와 유빈기 씨가 갇혀 있다는 사실도 알게 되었다.

"오빠와 아저씨가 살아 있었구나."

비록 감옥에 갇혀 있기는 하지만 오빠와 아저씨가 살아 있다는 것이 얼마나 감사한지 몰랐다.

공주 장날 만세 운동은 주로 정명학교 교사와 재학생, 졸업생이 주동이 되어 일어났다. 공주에서도 많은 사람들이 다치고 잡혔다.

심문을 하면서 헌병들은,

" '어린 나이로 아무것도 모르고 사람들 따라 만세를 불렀습니다. 한 번만 용서해 주십시오.' 하고 빈다면 널 풀어 주겠다."

라며 감언이설로 꼬이기도 하고,

"고집을 부리면 너는 죽고 말 것이다. 고향에 남은 네 동생들을 생각해야 하지 않겠느냐? 네 부모가 다 죽었는데 너마저 죽는다면 어린 동생들이 어떻게 살아가겠느냐?"

하고 협박을 하기도 하였다. 그러나 관순이는 꿈쩍도 하지 않았다. 관순이에게 취조와 고문은 두렵지 않았다.

아우내 만세 운동에 가담한 사람들은 5월 9일 재판을 받았다.

재판을 받으러 가다가 관순이는 오빠를 보았다. 더러워질 대로 더러워진 옷에 몰라보게 살이 빠진 오빠가 오랏줄에 묶여 재판을 받으러 오고 있었다.

"오빠!"

"관순아."

"관순아, 부모님은?"

"아버지, 어머니는 총에 맞아…… 그만……."

헌병들이 달려와 관순이를 끌고 들어갔다. 혈육인 오빠를 보고도 마음 놓고 말 한마디 못 하고 만 것이다.

관순이는 재판받는 동안 내내 머리를 똑바로 들고 재판장을 노려보았다. 관순이 차례가 되었다.

"주모자가 누구냐? 누가 시킨 일이냐?"

"하느님이 시킨 일이다."

관순이는 또렷한 목소리로 대답했다.

"나가면 또 독립운동을 할 것이냐?"

"그렇다. 내 목숨이 다하는 순간까지 난 할 것이다."

판사가 비웃었다.

"흥. 넌 조선이 독립을 할 수 있을 것이라고 믿느냐?"

"그렇다. 나는 굳게 믿고 있다. 일본은 반드시 망한다."

판사는 만세 운동 가담자에게 내리는 최고형인 3년형을 내렸지만 관순이는 눈 하나 깜짝하지 않았다.

이 재판에서 유중무 씨와 조인원 속장에게도 3년형이 내려졌다. 다른 사람들은 조금씩 형이 가벼웠고 오빠 관옥이는 2년형을 받았다.

복다회리 신 씨 할머니는 2년형을 받았다. 할머니는 틈만 있으면 관순이를 괴롭혔다.

"네가 만세 운동을 하면 잘 먹고 잘산다고 했잖느냐? 그런데 이게 무슨 꼴이냐. 네가 잘난 척해서 네 부모도 죽고 마을 사람들도 죽고 이렇게 갇혀 있지 않느냐. 나는 널 원망한다. 지옥에 가서도 널 원망할 것이다."

가만히 있어도 서럽고 암담한 관순이인데 신 씨 할머니는 거머리처럼 끈질겼다.

만세 운동에 가담했다가 잡혀 온 사람들은 일제의 부당한 재판에 맞서기로 했다.

"나라를 찾기 위해 독립 만세를 부른 것이 무슨 죄란 말이냐. 양식이 있는 재판관이라면 우리를 당장 풀어 줘야 한다."

끝까지 싸우기 위해 그들은 경성 복심 법원에 공소하였다.

유빈기 씨는 외국인 선교사들의 청원에 의해 집행유예로 풀려났다. 독립 만세 운동으로 다른 나라들의 눈들이 모두 우리 나라에 쏠려 있었기 때문에 외국인 선교사들의 청을 거절할 수 없었던 것이다.

풀려나긴 하였지만 서점은 다 부서지고 책들은 압수를 당했다. 유빈기 씨는 더 이상 공주에서 머물 수가 없음을 알았다. 서점을 정리하기 시작했다.

관순이는 1919년 6월 30일 경성 복심 법원에서 재판을 받기 위해 기다리고 있었다. 죄인들은 죄목과 지방 법원에 따라, 남녀 따라 대기소가 달랐다. 각 대기소 사이는 판자로 나뉘었다.

관순이는 판자 벽에 기대어 지친 몸을 쉬었다. 짐짝같이 차에 태워 실려온데다가 만세를 부르고 애국가를 불러 지칠 대로 지쳐 버린 관순이었다.

관순이는 차를 타고 오면서 보았던 들판을 떠올렸다. 연둣빛으로 물들은 들판은 바람에 나부끼고 있었다.

'이때쯤이면 매봉산 나무들은 잎이 피어 아름다운데…… 그곳에서 관복이, 관석이랑 뛰어놀던 것이 엊그제 같은데…… 동생들은 어디에 있을까?'

눈을 감고 생각에 잠겨 있는데,

"똑똑똑."

누군가 관순이가 기대고 있는 판자를 두드렸다. 관순이는 놀랐으나 곧 판자를 두드려 신호를 보냈다.

"어디서 오신 누구인가요?"

판자 너머에서 묻는 목소리가…… 귀에 익었다. 가슴이 막 뛰기 시작하면서 목소리가 떨렸다.

"공, 공주에서 왔습니다. 천안 아우내에서 만세 운동을 하다가 잡혀 온 유관순입니다……. 혹시, 혹시 박인덕 선생님 아니십니까?"

관순이는 흐느꼈다.

"오, 관순아. 네가 정말 거기에 있는 거냐?"

귀에 익은 목소리는 바로 박인덕 선생님이었던 것이다. 선생님과 제자는 가로막힌 판자 벽 앞에서 눈물을 흘렸다. 이렇게 기구한 만남

이 어디 또 있겠는가? 관순이는 그 동안 참았던 눈물을 한없이 흘렸다.

"그래, 그 동안에 있었던 이야기 좀 해 보렴."

관순이는 흐느끼면서 지난 이야기를 했다. 아버지와 어머니가 돌아가신 부분에서는 한참 동안 다음 말을 잇지 못했다.

"선생님. 우리 부모님의 원수, 민족의 원수를 꼭 갚고 말 것입니다. 제 남은 생명을 나라의 독립을 위해 바치겠습니다."

관순이의 목소리는 비장하였다.

"그래. 우리 모두 끝까지 싸우자. 나는 빌링스 목사님의 보석금으로 내일쯤 나가게 된다. 관순아, 몸조심하거라. 뒷날 우리 웃으며 다시 만나자."

박인덕 선생님은 사랑하는 제자만 두고 나가게 된 것이 가슴 아파 소리 없이 눈물을 흘렸다.

11. 나는 당당한 애국 소녀다

　재판을 맡은 것은 총독부 판사 우태랑이었다. 그는 공주 법원에서 올라온 사람들의 형량을 줄여 줄 이유가 없다 하여 전에 받았던 형량대로 판결하였다.
　"남의 나라를 침략한 당신네들이 내게 벌을 내릴 권리가 어디 있느냐? 나는 잃어버린 내 나라를 다시 찾기 위하여 투쟁한 당당한 애국 소녀다."
　관순이는 판결에 불복종하며 재판장에게 외쳤다. 재판장 안이 술렁거렸다.
　"여기가 어디라고 감히 소란을 피우느냐."
　"너는 네 나라에 돌아가거라. 내게 죄가 있다면 대한 제국의 법정에서 재판을 받겠다."
　"너희같이 어리석고 야만적인 국민이 독립을 할 수 있다고 생각하는가? 너희는 우리가 보호를 해야 하는 열등 국민이다."
　관순이는 벌떡 일어나 깔고 앉았던 의자를 들어 재판장에게 던졌다. 관순이에게 법정 모독죄를 추가해서 7년형이 내려졌다.

이 일로 조인원 속장, 작은아버지 유중무 씨, 오빠 등 9명은 공주 감옥으로 내려가고 관순이만 서대문 감옥에서 복역하게 되었다.
관순이를 괴롭히던 신 씨 할머니는,
"난 죄가 없습니다. 관순이한테 속아서 잘못을 저질렀습니다. 풀어만 주시면 다시는 이런 일이 없을 것입니다. 살려 주십시오."
비굴하게 빌고 거짓 증언을 해 무죄 판결을 받고 풀려났다.

남들에게는 푸른색 죄수복이 주어졌으나 관순이에게는 황토색 죄수복이 주어졌다. 황토색은 형량이 무거운 사람에게 입히는 죄수복이었다.

"쯧쯧, 어린것이 어쩌다가……"

관순이가 지나가면 그 옷만 보고도 다른 죄수들은 애처롭게 생각했다. 관순이는 각 지방에서 만세 운동을 하다 잡혀 온 사람들과 함께

감방을 쓰게 되었는데 그 속에는 이화학당 선배 권애라도 있었다.

그 밖엔 수원 기생으로 만세 운동에 앞장섰던 김향화, 호수돈 여고 사감 신관빈, 개성의 전도사 어윤희, 장님 전도사 심명철 등이 있었다.

"너는 나이도 어린 애가 어떻게 이곳에 오게 되었느냐?"

수원 기생 김향화가 물었다.

관순이가 아우내 만세 운동 이야기를 하자 감방 안의 사람들이 다 놀랐다.

"참으로 대단하구나. 어린 소녀의 힘으로 만세 운동을 주도하다니……."

"그 작은 마을에서 그렇게 엄청난 만세 운동을 하다니 놀랍기만 하구나."

"맞아. 너희 마을 사람들이 3년형을 받은 걸 보면 그 규모가 얼마나 크고 격렬했는지 짐작이 가는구나. 민족 대표 33인도 3년형을 받았거든. 만세 운동에서 3년형은 중죄에 해당하는 형이라고."

"그런데 관순이 너는 7년형이니…… 정말 굉장한 애구나."

"그래서 황토색 죄수복을 입었구나."

감방 안에서 관순이는 영웅이 되었다.

개성 전도사 어윤희는 동글동글한 얼굴에 성격이 좋고 자상했다. 아우내에서 헌병의 총검에 찔린 상처가 아물지 않고 곪아서 고생하는 관순이를 친동생처럼 돌봐 주었다.

"우리 몸과 마음이 약해질 때는 언제나 기도를 해 하느님의 힘을 빌리도록 하자."

하면서 관순이의 상처가 낫도록 기도해 주기도 했다.

힘들고 괴로운 감옥 생활에도 얼굴에 웃음을 잃지 않는 어윤희를 모두들 좋아했다.

"언니 고마워요."

관순이에게 어윤희는 큰 위로였다.

관순이가 갇혀 있는 8호 감방에 밥을 나르던 여죄수가 있었다. 배가 고파 도둑질을 하다가 잡혀 온 여자였다.

"밥 왔습니다."

여죄수는 밥을 나눠 주고 옆 감방으로 옮겨 가면서도 항상 8호 감방에서 들리는 소리에 귀를 기울였다.

"자, 밥이 왔습니다. 어서 식사들 하십시다."

언제나 어윤희의 밝은 목소리가 들렸다. 그것은 마치 가정집에서 어머니가 혹은 언니가 밥을 해 놓고 식구들을 부르는 것처럼 다정하고 즐겁게 들렸다.

"참, 언니. 짐승도 못 먹을 이 하찮은 음식을 보고 뭘 그렇게 좋아해요."

감방의 누군가 불평하면 어윤희는 웃으며 달랬다.

"그런 소리 마. 이 음식을 주신 하느님께 죄송한 일이야. 밥을 먹는 것도 애국하는 일이니깐 빨리 와서 먹어."

"애국하는 일이라니……."

"우리가 마구마구 먹어서 일제를 망하게 하거나, 꼬박꼬박 먹고 힘을 길러 독립운동 하는 데 쓰거나 둘 다 애국하는 길 아니니. 자, 어서 먹어요."

여죄수는 어윤희의 밝은 목소리를 들으며 미소를 지었다.

"정말 대단한 분이야."

여죄수는 어윤희를 흠모하고 따랐으며 점점 감화되어 기독교인이 되었다.

관순이는 틈만 있으면 만세를 불렀다.

"만세, 대한 독립 만세!"

관순이의 만세 소리를 신호로 모두들 만세를 불렀다. 만세를 부를 때마다 관순이는 끌려 나가 모진 매를 맞았지만 만세 부르기를 그만두지 않았다. 관순이는 독방으로 끌려갔다.

하루는 밥을 나르는 여죄수가 몹시 긴장된 얼굴로 쪽지를 주고 사라졌다. 그것은 박인덕 선생님이 관순이에게 보낸 쪽지였다.

박인덕 선생님은 석방되었다가 애국 부인회 사건으로 다시 잡혀 와 서대문 형무소에 있었다.

"관순아, 만세를 부르니 네 몸만 자꾸 상하는구나. 동지들도 끌려 나가 고통을 당하니 너와 동지들을 위해 제발 참거라."

사랑하는 제자를 위한 선생님의 호소였다.

관순이는 박인덕 선생님의 말씀에 따라 만세 부르기를 그쳤다. 그러나 마음속으로 하루에도 수백 번씩 독립 만세를 불렀다.

3월 1일 독립 만세 운동 때 일제는 총을 쏘고 만세 운동에 가담한 사람들을 잡아 가두고 갖은 고문으로 억압하였다.
"조선인들은 팽이처럼 때려야 말을 잘 들어. 무섭게 다루어야 해."
그러나 그들의 예상과는 달리 억압을 하면 할수록 독립 만세 운동은 전국으로 퍼지고 더욱 많은 사람들이 가담하였다.
"이래서는 안 되겠다. 세계 여러 나라가 일본을 곱지 않은 눈으로 바라보고 있으니 정책을 바꾸는 것이 좋겠다."
일제는 무력 정치에서 문화 정치로 바꾸었다. 말은 그럴싸한 문화 정책이지만 독립운동하는 사람들을 돈으로 매수하고 갇혀 있는 사람은 꼬드겨 변절토록 하고 석방하는 등 같은 한민족끼리의 이간질을 시작하였다.
안타깝게도 일제의 이런 간사한 놀음에 놀아나는 우리 나라 사람도 생기기 시작했다.
만세를 부르지 않자 간수들은 관순이를 8호 감방으로 옮겼다.
감방 식구들은 다 같이 관순이가 돌아온 것을 환영하였다.
"언니, 나는 요즘엔 너무 불안해요."
불을 끄고 모두 누웠을 때 관순이가 어윤희에게 속삭였다. 어윤희는 관순이의 손을 쓰다듬었다.
"이대로 있다가 영영 독립을 못 하는 것 아닌가, 부모님 원수를 갚지 못하고 마는 것 아닌가 생각하면 가슴이 답답하고 속에서 울화가 치밀어서 죽을 것만 같아요."

"마음을 느긋하게 가지렴. 밖에 있는 우리 민족이 가만히 있을 리가 없잖아."

"비록 갇혀 있지만 우리도 뭔가 해야 한다고 나는 생각해요. 만세 운동을 한 지 1년이 지났건만 아무런 변화도 없잖아요."

"이렇게 갇혀 있으니 우리가 할 수 있는 일이 뭐 있겠니."

관순이는 목소리를 맞추었다.

"3월 1일이 곧 다가오잖아요. 그 날 만세를 부르는 거예요. 우리가 죽지 않고 살아 있다는 것을 보여 줘야 해요."

어윤희가 잡고 있던 손에 힘을 주었다.

"그래. 우리 다시 한 번 만세를 부르자."

관순이와 어윤희가 뜻을 같이한 만세 계획은 8호 감방 식구들이 힘을 합해 준비되었다.

"똑같은 시간에 만세를 부르려면 어떤 신호가 있어야 하는데……."

사람들이 걱정하자 관순이가 생긋 웃었다.

"사무실에서 들려오는 괘종시계 소리에 맞춰요. 두 시, 괘종시계가 두 번 쳤을 때 모두 함께 만세를 부르는 거예요."

관순이의 말에 모두 감탄했다.

"그래. 그게 좋겠다. 두 시면 식사도 끝나고 간수들이 느긋해질 때니깐 말이야."

"다른 방에 있는 사람들도 함께 만세를 불러야 하는데 어떻게 연락을 하죠?"

관순이는 방 안 식구들을 둘러보았다.

"그건 내게 맡겨."

어윤희가 밥을 나르는 여죄수에게 부탁하기로 했다. 어윤희에게 감화가 되어 기독교인이 된 여죄수였다.

만세를 부르고 나면 지독한 고문을 받을 것이다. 거기에 대비하여 대답할 말도 함께 맞추었다.

"만세 주동자는 없다. 우리 다 같이 생각해서 한 일이다."

"우리는 독립을 할 때까지 끝까지 싸울 것이다."

만세를 부를 시간과, 잡혔을 때 고문당하면 대답할 말을 깨알같이 적어 어윤희는 밥 나르는 죄수에게 주었다. 여죄수의 손에 의해 종이는 각 감방으로 전달되었다.

1920년 3월 1일.

"땡, 땡."

사무실의 괘종시계가 두 시 종을 울렸다.

"만세! 대한 독립 만세!"

"만세! 대한 독립 만세!"

서대문 형무소 감방에서 일제히 만세 소리가 터져 나왔다.

"아니 이게 무슨 소리야?"

간수들이 놀라 우왕좌왕 뛰었다.

"일제는 물러가라!"

"우리는 대한의 사람이다. 우리를 석방하라."

"대한 독립 만세!"

도둑질을 하다가 잡혀 온 사람도, 강도도, 사기범도 다 같이 만세를 불렀다. 목이 터져라 부르는 만세는 높디높은 서대문 형무소 담장을 넘었다. 길 가던 사람들이 멈춰 서서 귀를 기울였다. 그리고 다 같이 만세를 불렀다. 만세는 불처럼 번져 모화관, 맹천동, 애오개, 서대문까지 번져 나갔다.

"대한 독립 만세!"

"대한 독립 만세!"

집에 있던 사람들이 뛰어나오고 달리던 전차가 멈추고 승객들이 뛰어내려 만세를 불렀다.

경찰서에서 기마대가 만세 운동을 진압하기 위해 출동되었다.

이 일로 쪽지를 전달했던 여죄수가 발각되어 모진 매를 맞았다. 주모자를 찾는다고 번갈아 죄수들을 데려다가 고문을 했다. 고문을 받은 죄수들의 신음 소리가 형무소 안에 끊이지 않았다.

"다른 사람들을 괴롭히지 말아라. 내가 주모자다."

관순이는 같은 동포가 일제에게 당하는 모습을 더 이상 볼 수가 없었다.

"우리도 그럴 줄 알았다."

관순이는 독방으로 끌려갔다.

서대문 형무소에는 악명 높은 일본 여간수 야마사키가 있었다. 야마사키는 일본인답지 않게 몸집이 컸다.

"흥, 네가 만세 주동자란 말이지."

야마사키는 남자 죄수보다 더 악독하게 몽둥이로 때리고 발길질을 했다. 그것은 인간이 인간에게 할 수 있는 행동이 아니었다. 매를 견디지 못해 정신을 잃으면 물을 끼얹어 정신이 돌아오게 하고 다시 때렸다. 온몸이 찢어지고 방광이 터졌다. 관순이는 반 죽어서 정신을 잃고 독방으로 끌려갔다.

며칠이 지난 후 8호 감방으로 돌아왔을 때 관순이는 제대로 서 있지도 못 했다.

"악독한 놈들. 어린 너에게 이런 짓을 하다니……."

감방 식구들이 관순이의 상처를 닦아 주고 팔다리를 주물러 주었다.

"관순아, 정신 차려야 한다. 정신을 차려라. 주여, 이 어린 소녀를 돌봐 주소서."

어윤희는 관순이를 붙들고 눈물로 기도하였다.

"어윤희 나와라."

간수가 와서 어윤희를 끌어갔다.

그때 끌려 나간 어윤희는 8호 감방으로 돌아오지 않았다. 모진 매를 맞고 다른 감방으로 옮겨진 것이다.

정신력이 강한 관순이는 며칠 만에 자리에서 일어났다. 일어났다고는 하지만 얼굴은 퉁퉁 붓고 걸음을 못 걸었다.

관순이는 제 몸도 성치 않으면서 같은 감방에 있는 다른 사람들을 돌봐 주는 일로 하루하루를 보냈다. 애족이 곧 애국이라는 그녀의 생각이었다.

양명은 결혼한 지 얼마 안 되는 여자로 임신 중에 만세 운동에 참가했다가 체포되었다. 그녀는 아기를 낳게 되자 잠시 풀려났다가 아기를 낳은 후에 아기와 함께 다시 잡혀 와 8호 감방으로 들어왔다.

"아기야. 미안하다. 나라가 없어 네가 이 고생이구나."

관순이는 아기에게 진심으로 미안하게 생각했다. 아기를 위해 자기 밥을 덜어 양명에게 주었다.

"많이 먹어요. 많이 먹어야 아기가 먹을 젖이 나오지요."
아기 기저귀가 안 마르면 가져다가 배에 감아 말려 주기도 하였다.

봄이 가고, 여름이 왔다.
감방 안은 찜통처럼 더웠다. 매를 맞은 상처가 덧나 곪고 터졌다. 관순이의 몸이 쇠약할 대로 쇠약해졌다.
어느 날 유빈기 씨가 면회를 왔다.
"아저씨!"
남들은 면회도 오고 사식도 넣어 주는데 관순이는 면회 올 사람이 없었다. 부모님은 돌아가시고 오빠와 작은아버지는 공주 형무소에 있으니 올 사람이 없었던 것이다.
관순이는 유빈기 씨를 보자 눈물을 주르르 흘렸다.
"아저씨!"
"관순아."
몰라보도록 변한 관순이의 모습에 유빈기 씨는 목이 메어 말이 나오지 않았다. 영특하게 반짝이던 두 눈과 생글생글 웃음 짓던 얼굴은 사라지고 병색이 깊고 지친 모습이었다.
"관복이, 관석이는요?"
"친척집에 잘 있으니 걱정하지 말거라."
서점을 정리한 유빈기 씨는 공주를 떠나 아들과 함께 서울로 이사를 와 살고 있었다. 황토마루(지금의 세종로)에 가게를 세내어 서점을 하고 있었는데 일제의 감시가 심해 서점이 잘 되지 않았다.

"관순아. 건강해야 한다. 몸이 건강해야 밝은 내일을 볼 수 있다. 명심하거라."

그것이 유빈기 씨가 본 관순이의 마지막 모습이었다.

유빈기 씨가 넣어 준 사식을 감방 식구들에게 나눠 주고 관순이는 아무것도 먹지 못했다. 몸이 너무 쇠약해진 탓이었다.

아침저녁으로 서늘한 가을이 되었다.

가을과 함께 관순이의 병은 점점 더 깊어 갔으나 일제는 치료 한 번 제대로 해 주지 않았다.

"매봉산 나무들이 발갛게 물이 들었을 거예요. 빨리 나가서 동생들과 예쁜 나뭇잎도 줍고 도토리도 주워야 하는데……."

관순이는 쓸쓸히 말했다.

"빨리 독립이 되어야 하는데…… 내가 독립을 못 볼 것 같아요."

마음 약한 말도 했다.

12. 떨어진 별

가을이 깊던 10월 12일.

관순이는 그렇게도 그리던 대한의 독립을 보지 못한 채 숨을 거두었다. 열일곱 살의 꽃다운 나이였다.

나라를 빼앗긴 비운의 나라에 태어나 짧은 생애를 독립운동에 바치고 눈을 감은 것이다.

8호 감방에서 터져 나온 울음소리로 서대문 형무소 죄수들은 관순이의 죽음을 알았다. 모든 사람들이 관순이의 죽음을 슬퍼하면서 뜨거운 눈물을 흘렸다.

이화학당에서 관순이의 죽음을 안 것은 이틀이 지난 후였다.

일제는 관순이의 주검이 너무나 처참했기 때문에 몰래 매장을 할 생각이었다.

프라이 교장 선생님과 월터 선생님이 서대문 형무소로 찾아가 관순이의 주검을 내놓으라고 요구하였다.

"당신들은 유관순의 가족도 아니고 친척도 아니라 내줄 수 없소."

형무소 측은 완강히 거절했다.

"부모님은 돌아가시고 오빠와 작은아버지는 형무소에 복역 중이며 남은 것은 어린 동생뿐인데 어디 있는지 알 수 없으니 그녀가 다니던 학교에서 장례를 해 주는 것이 마땅하지 않겠소."
분개한 프라이 교장 선생님이 항의하였다.
"아무리 그래도 가족이 아니라 내줄 수 없소."
"만일 관순이를 당신들이 몰래 매장하면 이 사실을 본국(미국)에 알려 당신들의 만행을 전 세계에 알릴 것입니다."
월터 선생님이 협박했다.
형무소 측은 마지못해 조건을 붙였다.
"이 시체를 남들이 보지 못하게 하시오. 시체를 본 사람도 절대 비밀에 붙여야 합니다. 그리고 장례식은 조용히 치르도록 하시오."
프라이 교장 선생님은 약속하고 관순이의 주검을 인수했다.
일제는 그들을 감시하였다.
학교로 운반해 온 관순이의 주검을 본 선생님과 친구들은 치를 떨었다. 여기저기 찢기고 멍들어 차마 눈 뜨고 볼 수가 없었던 것이다.
연락을 받고 달려온 유빈기 씨는 관순이의 주검을 보고 가슴을 치며 통곡을 했다.
선생님들은 눈물로 수의를 꿰맸다.
몸을 깨끗이 닦고 수의를 입힌 다음 관순이의 가슴에 성경책과 꽃을 안겨 주었다.
관순이의 장례는 정동교회에서 김종우 목사님의 주례로 치루어졌다. 선생님들과 몇몇 친구와 유족 대표로는 유빈기 씨와 그의 아들이 전부였다.

관순이는 이태원 공동묘지에 안장되었다.

"이태원 공동묘지가 일제 군용 기지가 되면서 관순이의 시신이 미아리 공동묘지로 옮겨졌다는데 찾을 수가 없어요."

박인덕 선생님은 길고 긴 이야기를 눈물로 끝냈다.

"정말 장한 대한의 딸이군요."

신준려 교장 선생님도 흐르는 눈물을 손수건으로 닦았다.

"관순이는 진정한 애국 소녀예요. 프랑스에 잔 다르크가 있다면 우리 나라엔 관순이가 있었어요."

"그런데 그 동안에 관순이 이야기가 왜 묻혀 있었을까요?"

신준려 교장 선생님은 안타깝게 물었다.

"일제 때문에 제대로 기록하여 전해지질 못했기 때문이지요. 내놓고 이야기할 수도 없었고요. 그 아이 이름을 입에 올리는 것만으로도 위험했으니까요. 나도 오랫동안 미국에 가 있었고…… 돌아와서도 해방이 되기 전까지는 맘 놓고 이야기할 수 없었어요."

"박 선생님이 있어 관순이의 이야기를 전할 수 있었으니 천만다행입니다."

"나와 관순이는 어떤 보이지 않는 운명의 끈으로 이어진 것 같은 생각이 들어요."

박인덕 선생님은 두 눈을 감았다.

생글생글 웃는 얼굴로 청소하고 빨래하며 부지런 떨던 관순이의 모습이 떠올랐다. 항상 웃는 관순이였지만 나라의 독립을 이야기할 때는 두 눈이 무섭게 빛났다. 대기소에서 판자를 사이에 두고 만났을 때의 감격과 감옥에서 만세를 부르다가 얻어맞아 병이 들었던 모습이 떠올랐다. 가슴이 날카로운 것에 찔린 것 마냥 아팠다.

"관순이의 피맺힌 투쟁을 여러 사람에게 알려야 해요."

"그래야지요. 그게 살아 있는 우리들의 몫이지요."

신준려 교장 선생님도 적극 찬성했다.

"그런데 관순이 오빠와 동생들은 어떻게 되었어요?"

"동생들은 친척집을 이리저리 옮겨 다니며 지내다가 오빠가 감옥에서 나오자 같이 살았지요. 일제의 모진 박해로 떠돌아다니면서 어렵게 살았는데 지금은 모두들 결혼했어요. 우리 학교 학생이었던 예도도 시집갔고요."

황토마루에서 서점을 하던 유빈기 씨는 일제의 감시와 핍박 속에서 어렵게 지내다가 45세의 젊은 나이로 세상을 떠났다.

박인덕 선생님과 신준려 교장 선생님은 관순이의 순국을 여러 사람들에게 알려 그녀의 업적을 기리고 자라는 어린이들에게는 교훈이 되도록 하였다. 유관순이 순국한 지 26년 만의 일이었다.